Annette von Droste-Hülshoff

von Winfried Freund

Deutscher Taschenbuch Verlag

Weitere in der Reihe **dtv portrait** erschienene Titel S. 160

*Gebt dem Weibe das Bewußtsein, ein freier Mensch gleich den
andern Freien zu sein, die die Berechtigung haben, sich den
Lebenszweck selbst zu wählen.*
*Mathilde Franziska Anneke in ihrer Rede zur Eröffnung der
Deutschen Halle zu Milwaukee, 1872*

Originalausgabe
April 1998
© Deutscher Taschenbuch Verlag GmbH & Co. KG, München
Umschlagkonzept: Balk & Brumshagen
Umschlagbild: Ausschnitt aus dem Miniaturgemälde
›Annette Freiin von Droste-Hülshoff‹, um 1820 (© AKG, Berlin)
Layout: Matias Möller, Agents – Producers – Editors, Overath
Satz: Matias Möller, Agents – Producers – Editors, Overath
Druck und Bindung: APPL, Wemding
Gedruckt auf säurefreiem, chlorfrei gebleichtem Papier
Printed in Germany   ISBN   3–423–31002–2

Inhalt

1 Annette von Droste-Hülshoff (1797–1848). Bildnisminiatur von ihrer
Schwester Jenny, um 1820

Kindheit und Jugend auf dem Lande

Abseits der kulturellen Zentren und literarischen Hochburgen, auf dem Wasserschloß Hülshoff bei Münster, wurde Annette von Droste-Hülshoff, die man später die größte deutsche Dichterin nennen sollte, am 12. Januar 1797 geboren. Drei Faktoren bestimmten ihre Lebensumgebung: der westfälische Regionalismus, der Katholizismus und der Traditionalismus des Landadels. Die französische Herrschaft zwischen 1807 und 1813 über das westfälische Oberstift hinterließ keine nachhaltigen Spuren. Westfalen, von Voltaire in seinem 1759 erschienenen ›Candide‹ als hinterwäldlerisch verspottet, wo jeder gebildete Mensch nach einem Wort des Detmolder Dramatikers Christian Dietrich Grabbe als »verschlechterter Mastochse« galt, war am Ende des 18. Jahrhunderts noch immer eine der geistig rückständigsten Regionen Deutschlands. Vergeblich hatte sich der Osnabrücker Publizist und Geschichtsschreiber Justus Möser nach einem Dichter in Westfalen umgeschaut. Im ersten, 1801 erschienenen westfälischen Literaturalmanach heißt es gleich einleitend:

Aus Westfalen kommst du, dem Lande der Schinken und
  Würste?
Armes Taschenbuch, du! Wie wird es dir wohl ergehn?
Kann aus Westfalen, dem feisten und wohlernährenden
  Lande,
Etwas kommen, was noch mehr als Körper verspricht?

1180 Westfalen wird den Erzbischöfen von Köln als künftigen Herzögen übertragen.

Bis 1802 Konservative Politik im Herzogtum unter Anerkennung ständischer Vorrechte durch den Kölner Erzbischof

1802/03 Preußen erhält als Entschädigung für die Abtretung des linksrheinischen Cleve große Teile Westfalens.

1806 Gründung des französischen Königreichs Westfalen

1815/16 Schaffung der Provinz Westfalen unter dem Oberpräsidenten Ludwig Freiherrn von Vincke

2 Der Prinzipalmarkt in Münster. Gemälde von Cornelius Springer, um 1865/66

Allerdings unternahm man damals besonders in Münster Anstrengungen, das Niveau der Kultur und Kunst in Westfalen
zu heben. Im Jahre 1773 gründete Franz von Fürstenberg, Mi-
nister des Fürstbistums, in Münster die erste westfälische
Universität und richtete dort, erstmalig in Deutschland, einen
Lehrstuhl für »deutschen Stil und deutsche Literatur« ein.
Anton Matthias Sprickmann, Jurist und begabter Autor, der
dem literarischen Bund des Göttinger Hains nahestand und
seit 1779 Professor für Rechtsgeschichte war, erhielt den Auftrag, das Theaterleben zu fördern. Mit einem Vorspiel aus seiner Feder – er war ein guter Kenner der zeitgenössischen Literatur und brachte in den folgenden Jahren eine Reihe von
weiteren eigenen Stücken zur Aufführung – wurde am 12. Ok-

3 Die »familia sacra«: die Fürstin ▶
von Gallitzin im Kreise ihrer
Freunde. Gemälde von Theobald von
Oer, um 1864

tober 1775 die Münstersche Bühne eröffnet. Die bemerkens-
werten kulturellen Aktivitäten dürfen allerdings nicht darüber
hinwegtäuschen, daß ihr Einfluß auf das ländliche Westfalen
äußerst gering, wenn nicht gar wirkungslos blieb. Zweifellos
bedeuteten sie einen Aufbruch, einen prinzipiellen geistigen
Wandel aber vermochten sie noch nicht einzuleiten.

Ein Aufbruch ganz anderer Art ging von dem »Kreis von
Münster« aus, der sich seit 1779 um die Fürstin Gallitzin bildete und auch unter dem Ehrennamen »familia sacra« bekannt war. Philosophen und Geistlichen ging es hier darum,
den überkommenen katholischen Glauben durch Reflexion
und empfindsamen Dialog mit sich und anderen zu vertiefen.
In privaten Briefen und Tagebuchnotizen versuchte man, sich
Rechenschaft über die eigenen Konflikte und Krisen zu geben; zentral war jedoch das subjektive Ringen um den Glauben, das Suchen des empfindsamen Individuums nach dem
Weg zu Gott.

Mit seinen betont individualisierenden Tendenzen bewegte
sich der Kreis auf der Höhe der Zeit, in der empfindsame
Dichter wie Friedrich Gottlieb Klopstock und Matthias Clau-
dius, mit denen man in Verbindung stand, epochemachende
Dichtungen vorlegten. Große Geister der Zeit begannen, auf
Münster aufmerksam zu werden. 1787 kam der Königsberger
Theologe und Philosoph Johann Georg Hamann, der Lehrer
Johann Gottfried Herders, und im November 1792 besuchte
Johann Wolfgang Goethe auf seiner Rückreise aus Frankreich

4 Johann Georg Hamann (1730–1788) als Hofmeister. Anonymes Gemälde, um 1755. Der Königsberger Philosoph, der den Rationalismus der Aufklärung zugunsten der Empfindungskräfte bekämpfte, starb 1788 bei einem Besuch der Fürstin Gallitzin in Münster, die ihn zunächst in ihrem Garten in der Grünen Gasse beisetzen ließ.

den Kreis um die Fürstin Gallitzin. Da er sehr spät in der Stadt eintraf und man in Münster nicht gewohnt war, sich auf überraschende Situationen einzustellen, mußte er mit einem Stuhl als Nachtlager vorlieb nehmen. Beim Besuch der Fürstin in der Grünen Gasse gedachte er des 1788 in Münster verstorbenen Hamann, »dessen Grab in der Ecke des entlaubten Gartens mir bald in die Augen schien«.

In der Hauskapelle der Fürstin trat der ehemalige Gesandte am dänischen Hof, Friedrich Leopold von Stolberg, ein geschätzter Lyriker und Jugendfreund Goethes, 1800 zum katholischen Glauben über und löste damit eine leidenschaftliche Diskussion in Deutschland aus. Stolbergs Konversion war richtungsweisend für die katholische Restauration innerhalb der deutschen Romantik und für eine konservative Wende der romantischen Freigeisterei.

Den westfälischen Landadel berührten die Neugründungen der Universität und des Theaters weniger als die Aktivitäten des Kreises von Münster. Beispielhaft war etwa das Verhalten der Droste-Hülshoffs. 1805 stattete man zusammen mit An-

804/805 Unter der Herrschaft des Friesen Liudger wird Münster Bischofsstadt.

Seit 1300 Münster entwickelt sich zum größten geistlichen Fürstentum in Deutschland.

1533–35 Hinwendung zum Protestantismus, Regiment der sogenannten Wiedertäufer

24. Oktober 1648 Unterzeichnung des Westfälischen Friedens in Münster

1773 Gründung der Universität durch Franz von Fürstenberg

Seit 1778/79 Vereinigung der geistlichen Kräfte des Münsterlands im »Kreis

> Die romantische Poesie ist eine progressive Universalpoesie ... Sie will
> und soll auch Poesie und Prosa, Genialität und Kritik, Kunstpoesie und
> Naturpoesie bald mischen, bald verschmelzen, die Poesie lebendig und
> gesellig und das Leben und die Gesellschaft poetisch machen, ... Die ro-
> mantische Dichtart ist noch im Werden; ja das ist ihr eigentliches Wesen,
> daß sie ewig nur werden, nie vollendet sein kann.
>
> *Friedrich Schlegel, 116. Fragment, ›Athenäum‹, 1798*

nette der Fürstin Gallitzin einen Besuch ab und kam dabei
auch Friedrich Leopold von Stolberg nah, der in dem darauf
folgenden Jahr auf Schloß Hülshoff vorsprach.

Beide Eltern Annettes entstammten dem alteingesessenen
westfälischen Adel. Clemens August, der Vater, gehörte einer
der angesehensten Familien des Münsterlandes an. Seine Vorfahren hatten seit Ende des 13. Jahrhunderts das Amt des
Truchsessen (Vorsteher der Hofhaltung) des Domkapitels inne. Das Wasserschloß war 1417 in ihren Besitz gekommen. Der
Vater, wie die Droste ihn in ihrem Prosafragment ›Bei uns zu
Lande auf dem Lande‹ in Ge-
stalt eines fiktiven Vetters aus
der Lausitz schildert, war ein
sanftmütiger, gelehrter Mann,
zu dem sich die Tochter besonders hingezogen fühlte.
Alte Geschichte und alte Sprachen, Ornithologie, Blumen-
zucht, Naturheilkunde und
Musik gehörten zu seinen
Liebhabereien. Fasziniert von
allem Phantastischen und My-
stischen und überzeugt von
der prophetischen Gabe des
Zweiten Gesichts, zeichnete er

von Münster« um die Für-
stin Gallitzin
1802 Säkularisierung des
Bistums
1807–13/15 Nach der französischen
Herrschaft Eingliederung in
die preußische Provinz
Westfalen mit Münster als
Provinzialhauptstadt

5 Graf Friedrich Leopold zu Stolberg (1750–1819). Gemälde von J. B.
Lampi, 1797

6, 7 Clemens August II. von Hülshoff (1760–1826), der Vater der Dichterin, und Therese von Droste-Hülshoff, geborene von Haxthausen (1772–1853), ihre Mutter. Gemälde

alles, was über die empirische Erfahrung hinausging und ihm zu Ohren kam, in seinem ›Liber mirabilis‹ auf.

Während der Vater entsprechend der überkommenen Rollenverteilung die Familie nach außen vertrat, organisierte die Mutter Therese Luise – sie stammte aus dem ostwestfälischen Adelsgeschlecht derer von Haxthausen auf der Abbenburg und im Bökerhof bei Brakel im Kreis Höxter – das gesamte Hauswesen. Lebenspraktischer und nüchterner als ihr Mann, trug sie Sorge für alle Bereiche der Haushaltsführung einschließlich der Erziehung und galt als die eigentliche Herrin und Autorität. War das Verhältnis Annettes zu ihrem Vater von kindlicher Liebe bestimmt, so das zu ihrer Mutter in erster Linie von Respekt.

Sie war das zweite Kind nach der 1795 geborenen Schwester Maria Anna, genannt Jenny. Ein Jahr nach Annettes Geburt

12

Das **Geschlecht derer zu Hülshoff** ist kurz nach dem Jahr 1000 im Münsterland unter dem Namen Deckenbrock nachweisbar. Im 13. Jahrhundert wurde Engelbert von Deckenbrock Droste des Domkapitels in Münster, eine Dienststellung, die sich in der Familie vererbte und dieser den Namen gab. 1417 erwarb ein Zweig der Familie den 12 km westlich von Münster gelegenen Hülshof, nach dem sich das Geschlecht fortan benannte.

kam Werner Konstantin, nach westfälischem Erbrecht der Erbe von Hülshoff, zur Welt. Ferdinand, ihr Lieblingsbruder, wurde 1800 geboren.

Mehr als einen Monat zu früh auf die Welt gekommen, war Annette klein und schwächlich, von äußerst zarter, anfälliger Gesundheit, ein Umstand, der sie ihr ganzes Leben lang begleiten und sie in ihrer persönlichen Entfaltung empfindlich einschränken sollte. Ihr Überleben verdankte sie in der Tat ihrer Amme, der Webersfrau Maria Katharina Plettendorf aus Altenberge, die mit ihrem kleinen Sohn auf das Schloß zog.

Schon früh wurde die sprachbegabte Annette zusammen mit ihren Geschwistern von Hauslehrern in alten Sprachen, Französisch sowie in Naturkunde und Mathematik unterrichtet. Auffällig war von Anfang an, ein Erbteil des Vaters, ihre musikalische, von der Familie geförderte Begabung. Naturliebe, verbunden mit einer äußerst detaillierenden Beobachtungsgabe, und eine überschäumende Phantasie stachen von vornherein bei der zweiten Tochter hervor. Von 1804 bis 1814 entstanden an die 50 in der Handschrift der Mutter überlieferte Gedichte, keine Kunstwerke, Zeugnisse aber – wie das ›Lied vom Hähnchen‹ – für den genauen Blick für das unmittelbar und sinnenhaft Gegebene, das realistisch und zugleich liebevoll wahrgenommen wird ohne Schnörkel und Sentimentalität.

8 Maria Katharina Plettendorf (1763–1845), die Amme der Dichterin. Ölgemälde von Johann J. Sprick, um 1840

13

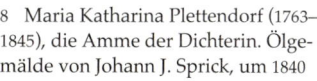

Komm, liebes Hähnchen, komm heran,
Und friß aus meinen Händen,
Nun komm, du lieber kleiner Mann,
Daß sie's dir nicht entwenden.

Komm, liebes Hähnchen, komm heran

Der raschen Auffassungsgabe des Kindes blieben die engen Grenzen, in denen sein Leben ablief, nicht verborgen. In einem Brief von 1819 erinnerte sich Annette an einen Traum, den sie im Alter von ungefähr sieben Jahren hatte: »Da kam es mir vor, als ging ich mit meinen Eltern, Geschwistern und zwei Bekannten spazieren, in einem Garten, der garnicht schön war, sondern nur ein Gemüsegarten mit einer geraden Allee mitten durch, in der wir immer hinauf gingen. Nachher wurde es wie ein Wald, aber die Allee mitten durch blieb, und wir gingen immer voran. Das war der ganze Traum, und doch war ich den ganzen folgenden Tag hindurch traurig und weinte, daß ich nicht in der Allee war und auch nie hinein kommen konnte.« Bestimmend ist das Verlangen, die kleine, eingeschränkte Welt des Nutzens und der verplanten Natur hinter sich zu lassen und in der Allee voran ins Weite zu schreiten, dorthin, wo sich der Wald als das Ursprüngliche und Ungestutzte ausdehnt. Aber die Träumerin weiß auch, daß sie niemals dorthin gelangen wird. Schmerzlich bewußt bleibt der Erwachten der unerfüllbare Wunschtraum.

Eingeschränkt, von Verboten umstellt, war das Leben des aufgeweckten, mit staunender Neugier begabten Mädchens in der Tat: Gedrängt zu häufigen Besuchen der Messe innerhalb der Woche, angehalten zu Handarbeiten und zum Malen sowie wegen ihrer schwachen Gesundheit zum täglichen Spazierengehen, wurde der jüngsten Tochter alles untersagt, was sie zu sehr hätte aufregen können. Noch im Alter von fünfzehn Jahren wurde ihr die Lektüre von Schiller ausdrücklich verboten. Freigeistige, gar zur revolutionären Tat aufrufende Literatur, wie man Schillers Dichtungen damals verstand, gehörte nicht in den konservativen Horizont des Landadels mit seinen betont restaurativen politischen Einstellungen. Als Annette, angesteckt von der seit der Eröffnung der Münsterschen

Acht Tage zählt' er schon, eh ihn
Die Amme konnte stillen,
Ein Würmchen, saugend kümmerlich
An Zucker und Kamillen,
Statt Nägel nur ein Häutchen lind,
Däumlein wie Vogelsporen,
Und jeder sagte: »Armes Kind!
Es ist zu früh geboren!«   *Der zu früh geborene Dichter, 1841/42*

Bühne sich ausbreitenden Theaterleidenschaft, im privaten Kreis sich am Komödienspiel beteiligte, machte Stolberg die Mutter unverzüglich auf dieses angeblich gefährliche Treiben aufmerksam – mit der Folge eines sofortigen strikten Verbots für die offenbar überspannte Tochter. Stolberg war es allerdings auch, der die für alles Literarische Empfängliche auf die empfindsame Lyrik von Friedrich von Matthisson und Ludwig Christoph Hölty aufmerksam machte und sie ihr zur Nachahmung empfahl.

Die erste größere Reise führte die achtjährige Annette 1805 zu ihren Großeltern nach Bökendorf. Werner Adolf von Haxthausen hatte 1772, im Todesjahr seiner ersten Frau und Mutter von Therese Luise, dem einzigen Kind aus erster Ehe, begonnen, das Schloß Bökerhof zu bauen. 1784 bezog er mit seiner zweiten, aus dem Sauerland stammenden Frau Anna Maria von Wendt-Papenhausen den fertiggestellten Neubau.

Aus der zweiten Ehe gingen unter anderem der 1780 geborene Werner und der 1792 geborene August hervor. Beide Brüder waren literarisch engagiert und trugen wesentlich dazu bei, den Bökerhof zum Zentrum des geistigen Lebens im Paderborner Land zu machen. Werner fühlte sich weitgehend der volkstümlichen Romantik im Gefolge der Sammlung ›Des

9   Haus Hülshoff, Blick von Nordwesten auf das Herrenhaus von 1545

Knaben Wunderhorn‹ verbunden. Er unterhielt Beziehungen zu den Brüdern Grimm, Clemens Brentano, Johann Joseph Görres und Friedrich Schlegel. Sein Bruder August gründete während seiner Göttinger Studienzeit die ›Poetische Schustergilde‹, deren Organ ›Die Wünschelruthe‹ sich die romantische ›Zeitung für Einsiedler‹ zum Vorbild genommen hatte. Es gelang, namhafte Beiträger wie Clemens Brentano und Achim von Arnim zu gewinnen.

Das Verhältnis Annettes zu ihren Onkeln entwickelte sich bei ihren wiederholten Besuchen in Bökendorf trotz des gemeinsamen literarischen Engagements eher ungünstig. Noch in einem Brief von 1844 an die Freundin Elise Rüdiger erinnerte sie sich: »Ich habe Ihnen ja schon früher erzählt, wie wir sämtlichen Kusinen haxthausischer Branche durch die bittere Not gezwungen wurden, uns um den Beifall der Löwen zu bemühen, die die Onkels von Zeit zu Zeit mitbrachten, um ihr Urteil danach zu regulieren, wo wir dann nachher einen Himmel oder eine Hölle im Hause hatten, nachdem diese uns hoch- oder niedriggestellt. Glauben Sie mir, wir waren arme Tiere, die ums liebe Leben kämpften …«

Der wache Intellekt Annettes, ihr kritischer Geist und ihr kämpferischer Selbstbehauptungswille machten sie den domi-

10   Haus Bökerhof (Kreis Höxter), heutiger Zustand

11 Annette von Droste-Hülshoff. Jugendbild-
nis nach C. H. N. Oppermann, um 1818

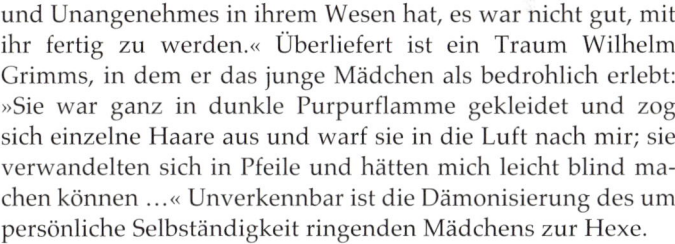

nierenden Männern suspekt,
die mit Spott auf ihre literarischen Versuche reagierten –
hier tat sich besonders Werner hervor –, oder sich wie
Wilhelm Grimm, mit dem sie
1813 in Bökendorf zusammen-
traf, höchst unangenehm berührt fühlten. In einem Brief an
seinen Bruder Jakob schreibt er: »Es
ist schade, daß sie etwas Vordringliches
und Unangenehmes in ihrem Wesen hat, es war nicht gut, mit
ihr fertig zu werden.« Überliefert ist ein Traum Wilhelm
Grimms, in dem er das junge Mädchen als bedrohlich erlebt:
»Sie war ganz in dunkle Purpurflamme gekleidet und zog
sich einzelne Haare aus und warf sie in die Luft nach mir; sie
verwandelten sich in Pfeile und hätten mich leicht blind machen können …« Unverkennbar ist die Dämonisierung des um
persönliche Selbständigkeit ringenden Mädchens zur Hexe.

Annettes Sprachbegabung, ihr erstaunliches literarisches
Wissen und ihre umfangreichen Kenntnisse der volkstümlichen Überlieferung konnten jedoch bei aller Distanzierung
kaum verborgen bleiben. Als man in Bökendorf unter der An-
leitung von Wilhelm Grimm begann, Märchen und Sagen aus
der Volksüberlieferung zu sammeln, tat sie sich vor allen anderen hervor, so daß Wilhelm 1813 seinem Bruder berichtete:
»Ich habe die Zeit angenehm zugebracht. Märchen, Lieder
und Sagen, Sprüche usw. wissen sie die Menge … Die Fräulein aus dem Münsterland wußten am meisten, besonders die

17

Clemens Brentano (1778–1842)
Führender romantischer Lyriker und
Erzähler, Mitherausgeber von ›Des
Knaben Wunderhorn‹ (1806–08)

Joseph Görres (1776–1848)
Publizist und Gelehrter der Romantik, Erforscher der deutschen Volks-
bücher und der christlichen Mystik

Friedrich Schlegel (1772–1829)
Führender Programmatiker und
Ästhetiker der Romantik, Mit-
begründer der modernen
Literaturgeschichtsschreibung

jüngste.« Zu den bekanntesten durch den Haxthauser Kreis vermittelten Märchen gehören ›Die Bremer Stadtmusikanten‹, ›Die drei Glückskinder‹ und ›Die beiden Kunigeskinner‹.

Für Annette blieben die Bökendorfer Erfahrungen jedoch zwiespältig. Gestand man ihr den geselligen Umgang mit der literarischen Überlieferung durchaus zu, sozusagen als dekoratives und unterhaltendes Element, so behandelte man ihre originären literarischen Ambitionen mit spöttischem Zweifel oder verletzender Ignoranz. Weibliche Originalität in geistigen Dingen war weder erwünscht, noch wurde sie geduldet. Erneut bekam sie die Enge und Borniertheit des katholischen Landadels in Westfalen zu spüren, und das schmerzlicherweise gerade dort, wo sie aufgrund der literarischen Interessen ihrer Onkels gehofft hatte, auf mehr Verständnis zu stoßen. Nicht in diesen Kreisen, das wurde ihr zunehmend klar, konnte sie konstruktive Kritik und Anregungen erwarten. Selbst wenn die Mutter, stolz auf die dichtende Tochter, das eine oder andere aus ihren Werken vor der Gesellschaft entweder selbst zum besten gab oder Annette zum Vortrag aufforderte und allgemein Lob ausgesprochen wurde, erkannte sie die Inkompetenz der Urteilenden und vor allem, daß man Literarisches bestenfalls als häuslich unterhaltsame Gelegenheitsdichtung zu goutieren bereit war, keineswegs aber als geistigen Entwurf.

So war es nur konsequent, daß Annette sich in ihrer geistigen Not an den seinerzeit fortschrittlichsten Geist in Münster, an Anton Matthias

12 Wilhelm Grimm (1786–1859). Zeichnung von Ludwig Emil Grimm, 1822. Zusammen mit seinem Bruder Jakob gab Wilhelm Grimm zwischen 1812 und 1815 die ›Kinder- und Hausmärchen‹ heraus sowie zwischen 1816 und 1818 die ›deutschen Sagen‹. Durch vereinheitlichende Stilisierung und Kontamination mehrerer Fassungen begründete er den unverwechselbaren Grimmschen Märchentyp. Darüber hinaus tat er sich als Sagenforscher und Herausgeber mittelhochdeutscher Dichtungen hervor, denen er wertvolle Einleitungen voranstellte.

13 Werner von Haxthausen (1780–1842), Stiefonkel der Dichterin. Ölgemälde von L. E. Grimm, 1841

14 August von Haxthausen (1792–1866), Stiefonkel der Dichterin. Ölgemälde von Hugo Danz, 1860

Sprickmann, wandte, den sie 1812 persönlich kennenlernte. Ihm legte sie vor, was sie geschrieben hatte, und unterwarf sich seinem ebenso verständnisvollen wie aufbauenden literarischen Urteil. Als Sprickmann 1814 Münster verließ, um einer Berufung nach Breslau zu folgen, schrieb sie dem 48 Jahre älteren: »Ach, mein Freund, wie sehn' ich mich dann oft nach Ihnen, Ihren lehrreichen Gesprächen, unbefangenen Urteilen und sanften Tadel.« Im Zentrum der literarischen Diskurse stand das 1813 begonnene, nie vollendete Trauerspiel ›Berta oder die Alpen‹, von dem sie Sprickmann Ende 1814 wissen ließ. Sprickmann war wohl der erste, der die dichterische Begabung der Droste erspürte und sie zum Schreiben ermutigte.

In dem Dramenfragment um die weibliche Titelheldin gestaltete die noch jugendliche Annette ihre eigenen krisenhaf-

Die leise Sprache meiner Silbersaiten,
Die bald mit ihrer sanften Harmonie
Mich ganz hinwegzog von dem hellen Rahmen,
Mit süßem Zauber meinen Geist entführend
Der kalten Wirklichkeit beengten Schranken
Ins helle Reich der goldnen Phantasie.

Berta oder die Alpen, 1813

15 Anton Matthias Sprickmann (1749–1833), literarischer Förderer der Dichterin. Federzeichnung

ten Erfahrungen in einer von männlicher Autorität und starren Rollenmustern beherrschten Gesellschaft. Der sowohl an Goethes ›Tasso‹ als auch an Schillers ›Wallenstein‹ angelehnte Stoff sowie die gewählte Form des Intrigenspiels bilden nur die Einkleidungen für die persönlich als tragisch erlebten Auseinandersetzungen des weiblichen Ichs mit einer autoritär borniertern Gesellschaft. Wie für Annette, so ist auch für Berta die Kunst, hier vor allem die Musik, eine willkommene Möglichkeit, der gesellschaftlichen Enge immer wieder zu entkommen.

Künstlerisches Gestalten bedeutete bereits für die jugendliche Annette die einzige Möglichkeit, sich ihrer selbst zu vergewissern, indem sie versuchte, den realen Einschränkungen von außen das befreiende dichterische Wort entgegenzusetzen. Dichten wurde zum empfindsamen Befreiungsakt in einer fühllosen, den einzelnen ungeachtet seiner Individualität vereinnahmenden Gesellschaft. Noch aber drängte sich die Selbstaussprache in einem solchen Maße vor, daß die künstlerische Gestaltung sich kaum zu entfalten vermochte.

In diesen Zusammenhang gehört auch das in dem Brief vom Februar 1816 an Sprickmann enthaltene Gedicht ›Unruhe‹, in dem von des ›Ozeans Unendlichkeit‹, von Gedanken und Träumen, von frei fliegenden Vögeln und ziehenden Schiffen die Rede ist.

20

Anton Matthias Sprickmann
(1749–1833)
Begründer des Theaters in Münster, Autor dramatischer und erzählender Dichtungen, Professor der Rechte an der neugegründeten Universität in Münster, Kontakte mit den führenden empfindsamen Dichtern der Zeit (Klopstock, Voß, Claudius, Hölty)

Zu der gesellschaftlichen Enge und den einschränkenden weiblichen Rollenmustern traten spätestens seit 1815 schwere gesundheitliche Störungen und seelische Depressionen. Spätere Diagnosen schwanken zwischen allgemeinen rheumatischen Erkrankungen, Lungentuberkulose und Erkrankung der Schilddrüse. Überdies hat man eine neuropathisch-psychopathische Anlage angenommen. Schreiben und Arbeiten mußten dem kranken Körper abgerungen werden. Oft zwangen Augenentzündungen und nervöse Zustände zur Ruhe, in der der Leidenden die Schwäche der eigenen Konstitution bewußt wurde. Ihr »schwacher, miserabler Körper«, wie sie an Sprickmann schrieb, war es, der ihr selbst einen freundlichen Briefwechsel untersagte, sie vom Leben mit anderen, zumindest zeitweise, ausschloß.

Das Verlangen nach literarischer Gestaltung entwickelte sich bei der Droste als Ausgleich und Widerstand, als Auflehnung gegen das physiologisch und sozial über sie Verhängte, dem sie die persönliche Identität abzutrotzen bestrebt war. »Im zähen Körper zeigte sich / Zäh wilder Seele Streben«, so verwies Annette später selbst auf die Quelle, woraus sie die Kraft und den Antrieb zu ihrem Schaffen geschöpft hatte.

Die Grundlagen für ein Dichten als Strategie der Selbstbewahrung wurden in der Kindheit und Jugend der Droste im Bewußtsein einengender Lebensbedingungen gelegt. Sie riefen das Schöpferische wach als Antwort auf das, was den einzelnen einengte und früh auszulöschen drohte. Nach dem Dramenfragment waren es die Verserzählung ›Walter‹ (1818) und der unvollendet gebliebene Roman ›Ledwina‹ (1819), die das Bewußtsein der angehenden Dichterin umreißen und zugleich ihre Jugenddichtungen abschließen. Wiederum geht es dabei um die künstlerische Überformung persönlicher Krisen: Das Motiv des Mannes zwischen zwei Frauen bildet in der

Rastlos treibt's mich um im engen Leben,
Und zu Boden drücken Raum und Zeit,
Freiheit heißt der Seele banges Streben,
Und im Busen tönt's: Unendlichkeit!

Unruhe, 1816

Verserzählung das auslösende Moment für eine tragische Handlung, die dem Mann schließlich die Geliebte entreißt, ihn selbst in Unfreiheit stürzt und als Einsiedler enden läßt. Liebeserfüllung scheint ebenso ausgeschlossen wie weibliche Selbstbestimmung in einer Gesellschaft, die nicht nur die Rechte der Frau beschneidet, sondern auch den menschlichen Glücksanspruch mißachtet.

In dem novellistisch pointierten ›Ledwina‹-Roman ist die Heldin von Anfang an von Schwindsucht und Tod gezeichnet. Ein erfülltes Leben ist ihr versagt. Stets das eigene Ende vor Augen, wird sie von grauenvollen Visionen heimgesucht, in denen sich ihre Isolations- und Verletzungsängste spiegeln. Das Ich erfährt sich zurückgeworfen auf sich selbst, ohne Chance, als selbständiges Individuum integriert zu werden. Das Romanfragment gestaltet in fataler Konsequenz die drohende Auslöschung des Ichs.

Die drei umfangreichen Jugendwerke bilden die Ouvertüre zu einem Gesamtwerk, das sich in empfindsamer Sichtweise des einzelnen und seiner Existenzkrisen in einer von kollektiver Autorität beherrschten Gesellschaftswelt annimmt. Bereits die frühen Dichtungen der Droste sind Spiegel einer komplizierten, um ihre Identität ringenden Persönlichkeit. Ihre Lektüre bietet Einblicke in ein höchst sensibles, unter mannigfachen Einengungen leidendes Bewußtsein, Symptom des nach Freiheit verlangenden Menschen in unfreier Zeit und Ausdruck des zu früh geborenen Dichters, der literarisch bereits einfordert, was ihm realgeschichtlich noch verwehrt wird, aber auch Medium einer starken und begabten jungen Frau und ihres Strebens nach geistiger Emanzipation.

Die Liebeskatastrophe

Im Frühjahr 1819 reiste Annette zu ihren Verwandten ins Paderbornische. Über ein Jahr verbrachte sie allein in Bökendorf. Lediglich für eine Kur im benachbarten Bad Driburg, wo die Badesaison von Mai bis September dauerte, unterbrach sie ihren Aufenthalt, in der Hoffnung, Linderung für ihre anhaltenden Kopf- und Augenschmerzen und für ihre Magenbeschwerden zu finden.

Das am Fuße der Iburg gelegene Bad war bereits seit Ende des 16. Jahrhunderts wegen der Heilkraft seiner sulfatischen Säuerlingsquellen bekannt und wurde seit dem frühen 18. Jahrhundert für Badezwecke genutzt. Berühmte Gäste waren die Fürstin Gallitzin und der Dichter Friedrich Hölderlin, der sich 1796 mit Susette Gontard in dem aufstrebenden Kurort aufhielt.

Annette begab sich im Juni 1819 nach Driburg, wo sie lebhaft am gesellschaftlichen Leben teilnahm, ohne allerdings wirklich interessanten und anregenden Leuten zu begegnen. Eine Ausnahme bildete wohl der ausdrücklich erwähnte Reiseschriftsteller Knigge, ein Neffe des berühmten Adolph von Knigge. Beeindruckend fand sie vor allem dessen Erzählungen von Afrika und Asien, hoben sie doch den Blick über die eigenen engen Lebenverhältnisse hinaus, wie sich in der Restaurationszeit überhaupt ein verstärktes Interesse an Reiseliteratur ausbildete.

Verärgert zeigte sie sich im Brief an die Mutter vor allem über die teuren Lebensmittel und Dienstleistungen, so daß sie

16 Die Bäderanlage in Driburg. Zeitgenössische Lithographie von Ph. Herle

sich genötigt sah, ihre Verwandten in Bökendorf um Unterstützung zu bitten. »Da kriegt man mal wenig fürs Geld und muß noch obendrein für Sachen bezahlen, die man nicht kriegt, und für Dienste, die einem nicht geleistet werden, z. B. den Tafeldecker, wenn man, wie ich, auf seinem Zimmer ißt, den Brunnenmeister, wenn man, wie ich, keinen Brunnen trinkt, die Badefrau, wenn man, wie ich, eine eigene Bedienung bei sich hat.« Daher lehnte sie auch eine ärztlich nahegelegte Wiederholung der Kur ausdrücklich ab: »Die Ärzte hier wollen mich diesen Sommer wieder hinschicken, aber man muß sich mehr an dem unnützen Geldausgeben ärgern, als das Bad gut tun kann.« Den Kurerfolg allerdings beurteilte sie durchaus positiv: »Auf jeden Fall befinde ich mich seit dem Driburger Bad viel besser, was Leib- und Magenschmerzen und Übligkeiten, womit ich sonst so oft geplagt war, anbelangt, so weiß ich fast nicht mehr, wie sie tun. Auch das Kopfweh hat sich sehr gelegt, nur habe ich schon, solange der Winter dauert, immer eine Trockne in den Augen, doch ganz ohne Verdunklung.«

Im Brief an den Vater vom September 1819, in dem Annette ebenfalls von ihrer Kur berichtet, taucht zum erstenmal der Name Heinrich Straube auf. »Straube ist jetzt auch hier, er wird aber nicht nach Hülshoff kommen, weil er in Göttingen viel zu tun hat.« Straube war in Hülshoff, wo er Ostern 1819 zu Besuch gewesen war, nachdem ihn An-

17 Heinrich Straube (1794–1847), Göttinger Student der Rechte. Straube, geboren in Kassel, studierte Jura in Göttingen und arbeitete später als kurfürstlich hessischer Prokurator und Oberappellationsrat in Kassel.

nette im Jahr zuvor in Bökendorf kennengelernt hatte, kein Unbekannter. August von Haxthausen war dem Studenten der Rechtswissenschaft während seines Studiums in Göttingen begegnet und hatte den aus einer bürgerlichen protestantischen Familie stammenden Kommilitonen nach dem Bankrott von dessen Vater finanziell unterstützt. Straube zählte seither zu den regelmäßigen Sommergästen in Bökendorf.

Nach dem überlieferten Portrait zu urteilen, war Straube äußerlich wenig attraktiv, dafür aber, wie von vielen Seiten bestätigt, freundlich, verbindlich und charmant. Mehr der Literatur als seinem Brotstudium zugeneigt, galt er in den Augen seiner Freunde als künftiger bedeutender Dichter, was er selbst durch ein exaltiert genialisches Auftreten zu unterstreichen suchte. Verständnisvoll belächelt, verfehlte er durch seine unterhaltsam geistreiche Art dennoch nicht eine gewisse Wirkung auf die Gesellschaft. Selbst von Annettes Mutter ist überliefert, daß sie den jungen Mann geistreich und amüsant fand.

Im Sommer 1820 entspann sich zwischen Annette und Straube eine von den anderen zunächst belächelte, dann zunehmend mißbilligte Romanze. Entscheidend dürften dabei die gemeinsamen literarischen Neigungen gewesen sein und eine gewisse Außenseiterposition beider innerhalb der Bökendorfer Gesellschaft. Die schwierige, intellektuell profilierte junge Frau und der genialische Rechtsstudent mit seinen kokett zur Schau gestellten Dichterambitionen nahmen sich in der Tat unter den eher konventionell konservativen, zur provinziellen Idylle neigenden Vertretern des Landadels wie exotische Gewächse aus, wobei man Straube noch als unterhaltsame Abwechslung empfand, während man sich von Annettes kritischer Scharfzüngigkeit eher brüskiert fühlte.

Wie weit die Annäherung in der sommerlich anregenden Atmosphäre Bökendorfs, in der man sich locker bewegte, flir-

Straube ist dort [in Kassel] kurfürstlich hessischer Prokurator und verheiratet und ebenfalls versauert ... Die Blüten, die einst soviel versprachen, sind niedergedrückt unter Aktenstößen und Faulheit.
Heinrich Heine in einem Brief vom 26. Mai 1825
über Heinrich Straube, den er in Kassel kennengelernt hatte

18 Bökendorf, Sitz der Familie von Haxthausen. Aquarell der Dichterin, 1820 (Ausschnitt)

tete und küßte, wirklich gedieh, entzieht sich der Kenntnis des Biographen. Es besteht aber Grund zu der Annahme, daß das Verhältnis zwischen Annette und Straube über eine bloße Liebelei weit hinausging. Auch hierin, im inneren Erleben, unterschieden sich beide von dem lustigen, vordergründigen Treiben um sich herum. In dem viel später entstandenen Gedicht ›Die Taxuswand‹ versetzt sich die Droste noch einmal zurück in den Bökerhofer Garten ihrer Jugend und spricht unverhüllt von dem Glück einer Liebe, die sie so nie wieder genossen hat. Allein der melodische Fluß der Verse, für die Droste eher ungewöhnlich, verrät noch in der Erinnerung nach vielen Jahren ein unmittelbares emotionales Betroffensein von einer Liebe, die mehr war als ein Sommerflirt, deren Scheitern unheilbare Wunden hinterließ. ›Die Taxuswand‹ ist ein großes Liebesgedicht aus der restaurativen Perspektive gescheiterter Lebenshoffnungen und Lebensentwürfe.

26

[Annette] ist überaus gescheit, talentvoll, voll hoher Eigenschaften und dabei doch gutmütig, ihr ist aber zu stark hofiert, sie hat dadurch den Eitelkeitssinn zu stark entwickelt, ist eigensinnig und gebieterisch.
Aus dem Tagebuch des Kaufmanns Fritz Beneke
anläßlich eines Besuchs in Bökendorf im Frühjahr 1820

Über die Ursachen des Scheiterns ist viel gerätselt und spekuliert worden. Fest steht, daß die Liebe zwischen Annette und Straube einer Familienintrige zum Opfer gefallen ist, inszeniert vor allem von der Stieftante Anna von Haxthausen, die vier Jahre jünger war als Annette. Fraglich sind allerdings die Gründe für das perfide Spiel. Wollte man die spröde, unbeliebte Annette wirklich nur auf die Probe stellen, um die Aufrichtigkeit ihrer Zuneigung zu dem allseits beliebten Straube zu überprüfen, dem man vielleicht die Enttäuschung seines Lebens ersparen wollte? Oder waren es nicht vielmehr

Die Taxuswand

… Als mein die Krone hier,
Von Händen, die nun kalt,
Als man gesungen mir
In Weisen die nun alt;
Vorhang am Heiligtume,
Mein Paradiesestor,
Dahinter alle Blume,
Und alles Dorn davor!

Denn jenseits weiß ich sie,
Die grüne Gartenbank,
Wo ich das Leben früh
Mit glühen Lippen trank,
Als mich mein Haar umwallte
Noch golden wie ein Strahl,
Als noch mein Ruf erschallte,
Ein Hornstoß durch das Tal.

Das zarte Efeureis,
So Liebe pflegte dort,
Sechs Schritte, – und ich weiß,
Ich weiß dann, daß es fort.
So will ich immer schleichen
Nur an dein dunkles Tuch
Und achtzehn Jahre streichen
Aus meinem Lebensbuch. …

Die Taxuswand.

Ich stehe gern vor dir,
Du Fläche schwarz und rauh,
Du schartiges Visier
Vor meines Liebsten Brau;
Gern mag ich vor dir stehen,
Wie vor grundiertem Tuch,
Und drüber gleiten sehen
Den bleichen Traumeszug;

Als mein die Krone hier,
Von Händen die nun kalt,
Als man gesungen mir,
In Weisen die nun alt.
Vorhang am Heiligthume,
Mein Paradiesesthor,
Dahinter alles Blume,
Und alles Dorn davor.

Denn jenseits weiß ich sie,
Die grüne Gartenbank,
Wo ich das Leben früh
Mit glühen Lippen trank,
Als mich mein Haar umwallte
Noch golden wie ein Strahl,
Als noch mein Ruf erschallte,
Ein Hornstoß durch das Thal.

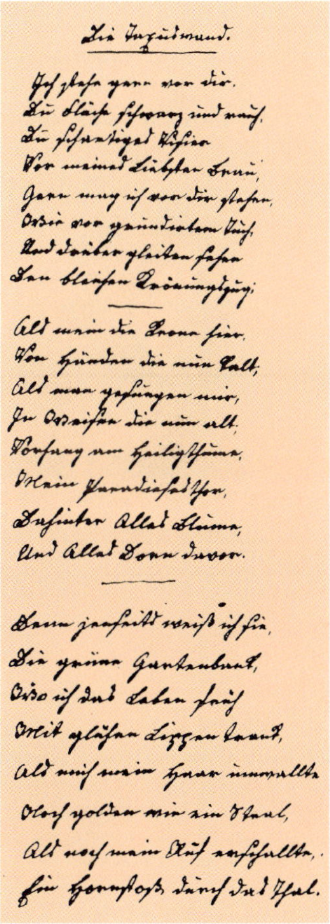

19 Faksimile aus ›Die Taxuswand‹

Vorurteile des Standes und der Konfession, die es nahelegten, die drohende Verbindung mit dem Bürgerlichen und Protestanten zu verhindern? Vor allem die über alles bloß Spielerische hinausgehenden destruktiven Absichten der Intrige scheinen für die zweite Annahme zu sprechen. Unklar bleibt die Rolle der Mutter und der Haxthauser Onkeln. Es spricht aber einiges dafür, daß die Familie nicht nur in das Komplott eingeweiht war, sondern es auch billigte und Anna nur die Ausführung überließ, während man sich selbst im Hintergrund hielt.

Schlüsselfigur der Intrige war der aus Hannover stammende August von Arnswaldt, bekannt wegen seiner religiösen Strenge und wie Straube Student der Rechte in Göttingen, wo sein Vater Kurator der Universität war. Auch er neigte mehr der Literatur zu. Aus angesehener Familie stammend, den Sicht- und Lebensweisen der Haxthausens nahestehend und von jugendlich attraktivem Aussehen, schien er in dem geplanten Intrigenspiel die Idealbesetzung für die Rolle des Verführers zu sein. Während Straube wieder seinen Studien in Göttingen nachging, machte Arnswaldt der ein Jahr älteren Annette Avancen, schmeichelte ihrer Eitelkeit, indem er ihr das Gefühl gab, verführerisch und begehrenswert zu sein. Die junge Frau ließ sich hinreißen, dem bestellten Verführer Zeichen ihrer Zuneigung zu geben. Zweifellos empfand sie eine gewisse eroti-

28

20 Anna von Haxthausen (1801–1877). Zeichnung von Ludwig Emil Grimm, 1829. Anna war eine Tochter aus der zweiten Ehe von Annettes Großvater, Werner Adolf von Haxthausen, und heiratete 1831 August von Arnswaldt.

sche Faszination in der Gegenwart des sie geschickt umwerbenden Arnswaldt. »Aber wenn Arnswaldt mich nur berührte«, bekennt sie Anna, »so fuhr ich zusammen.«

Doch schon bald erkannte sie, daß das, was sie für Liebe gehalten hatte, lediglich eine momentane Verwirrung ihrer Gefühle gewesen war. Aber ihre Beteuerungen Arnswaldt gegenüber, daß sie in Wahrheit allein Straube liebe, so daß es besser wäre, sich künftig aus dem Weg zu gehen, kamen zu spät. Die Familienintrige hatte ihr Ziel erreicht. Annette war als leichtsinnig und schamlos desavouiert. Arnswald, ungerührt von den Beteuerungen der Unglücklichen, reiste nach Göttingen, um Straube von dem empörenden Verhalten der jungen Frau zu berichten, die vorgab, den einen zu lieben, während sie sich von dem anderen den Hof machen ließ. Gemeinsam schrieben Straube und Arnswaldt daraufhin einen nicht überlieferten Brief an Annette, in dem sie ihr ihre Freundschaft aufkündigten, ohne ihr eine Chance zur Gegendarstellung zu lassen.

Vermittelt wurde das Schreiben von August von Haxthausen, dem Arnswaldt in einem Begleitbrief riet, wie er die Übergabe am besten bewerkstelligen sollte. »Deine Tätigkeit dabei soll sich darauf beschränken, den beiliegenden Brief auf geschickte Art der Nette zukommen zu lassen, ich meine so, daß Du ihr etwa trocken sagst: Da ist ein Brief für Dich gekommen, ohne zu sagen woher ...«

21 August von Arnswaldt (1798–1855). Zeichnung. Clemens Heselhaus schreibt über ihn: »Von ihm wird berichtet, daß er literarisch sehr unterrichtet war, daß er aber auch von unerbittlicher, religiöser Strenge sein konnte, die ihn dann alle Poesie und Romantik verwerfen ließ.«

Unmittelbar übergeben wurde der Brief von Karoline, der Schwester Augusts. Deutlich wird einmal mehr die geheime Komplizenschaft Arnswaldts mit den Haxthausens in einem unwürdigen menschenverachtenden Intrigenspiel, in dem die eigentlichen Auftraggeber sich geschickt verdeckt zu halten verstanden.

Wichtiger als die Achtung vor dem Gefühl und dem Lebensglück des einzelnen schien die Durchsetzung des ständischen und konfessionellen Kastendenkens. Erneut, und diesmal in unüberbietbarer Tragik, scheiterte Annette an der Enge und Borniertheit ihrer Gesellschaft. Sie hat weder Straube noch Arnswaldt je wiedergesehen. Ängstlich mied sie Kassel, wo beide nach ihrer Verheiratung lebten, Arnswaldt in der Ehe mit Anna von Haxthausen, der Drahtzieherin der Intrige.

Im Nachlaß Straubes fand man später eine Locke Annettes, sorgsam gehütet als Andenken an eine Liebe, die auch für ihn Lebenserfüllung hätte sein können. Ungleich wichtiger aber ist der Brief Annettes an Anna, den diese, ohne ihre Erlaubnis einzuholen, an Straube weiterleitete und der ebenfalls in dessen Nachlaß gefunden wurde. Es ist von tragischer Ironie, daß Annette sich dort um Verständnis und Vertrauen bemüht, von wo die Intrige ihren Ausgang genommen hatte. Schonungslos nimmt sie Stellung zu den von Anna brieflich geäußerten Vorhaltungen und zu dem Geschehen selbst, das sie von der Familie isolierte und ihr alle weiteren Aussichten auf eine seriöse Verbindung abschnitt. Klar bekennt sie sich gleich einleitend zu der Liebe zu Straube: »Anna, Du weißt, wie lieb ich St. immer gehabt habe, die anderen wissen es auch, ich habe nie ein Geheimnis daraus gemacht. Schon in Hülshoff habe ich oft gesagt, er wäre mir lieb wie ein Bruder, und im Grunde war er mir lieber wie meine beiden Brüder, … Wenn

Euer Brief an Annette hat fast die Wirkung gehabt, die wir dachten. Karoline schreibt mir: Ich habe den Brief Annette besorgt. Sie schüttelte vielmals den Kopf unter dem Lesen, und als sie von der unbescheiden scheinenden Gegenwart befreit war, hörte ich sie noch lange auf und ab gehen.

August von Haxthausen an August von Arnswaldt und Heinrich Straube

ich mir oft große Reichtümer träumte, was fast alle Tage geschah, so war mein Hauptgedanke, St. immer um mich zu haben.«

Auch zu ihren Gefühlen zu Arnswaldt nimmt sie unmißverständlich Stellung: »Ich hatte Arns. sehr lieb, auf eine andere Art wie St. ... Ich glaube, ich war in Arns. verliebt, und in St. nicht recht, aber das erste ist vergangen, noch eh' er abreiste, da er sich ein paarmal, wohl um mich zu prüfen, etwas sehr unfein ausdrückte.« Klar wird ihr in der Rückschau das fragwürdige Verhalten Arnswaldts: »Arnswaldt muß mich von Anfang an gehaßt haben, denn er hat mich behandelt wie eine Hülse, die man nur auf alle Art drücken und brechen darf, um zum Kern zu gelangen ... ich habe indes noch oft von St. mit aller Liebe, die ich für ihn fühlte, geredet und mich aufs härteste angeklagt, aber Arns. ging immer leicht darüber hin, ich sollte mit Gewalt recht schuldig werden.«

Annette hat das böse Spiel, das man mit ihr gespielt, durchaus durchschaut, ohne allerdings die eigentlichen Gründe zu erkennen. Während sie davon ausging, daß Arnswaldt nur seinen Freund vor ihr retten wollte, entging ihr die für die intrigante Inszenierung verantwortliche Borniertheit ihres eigenen Standes. Noch zu jung und zu naiv, konnte sie damals nicht glauben, daß man bereit war, ein Menschenleben emotional zu zerstören, nur um ständi-

22 Annette von Droste-Hülshoff mit August von Arnswaldt und Heinrich Straube. Karikatur von Ludwig Emil Grimm, 1820
Text: »einen kus aus eurem Munde meine Seele gäb ich drum«

23 Werner von Droste-Hülshoff (1798–1867), Bruder der Dichterin. Gemälde vermutlich von Oppermann

sche und konfessionelle Prinzipien zu bewahren. Erst in ihren späteren Werken sollte sie die Gnadenlosigkeit, mit der die Gesellschaft den einzelnen zu behandeln imstande war, ungeschminkt darstellen. Das, was man die Katastrophe ihrer Jugend genannt hat, war für den Menschen ein Desaster, verantwortlich für ein von dieser Zeit an einsames, an Liebe armes Leben. Für die Dichterin aber bedeutete die Liebeskatastrophe, verbunden mit der Einsicht in die Gefühllosigkeit und Grausamkeit der Welt, einen Anstoß zur schöpferischen Selbstbewahrung.

Nach ihrer Enttäuschung zog sich Annette zunächst ganz in ihr Elternhaus nach Hülshoff zurück. Bökendorf mied sie achtzehn Jahre lang und nahm auch nicht mehr an den dort regelmäßig stattfindenden Familientreffen teil, zumal sie die Rolle, die vor allem August von Haxthausen in dem schäbigen Spiel gespielt hatte, immer deutlicher zu durchschauen begann, was eine im Grunde irreparable Störung im Verhältnis zu ihm zur Folge hatte.

Eine Abwechslung bedeuteten für sie die Reisen in den Jahren 1822 und 1824 ins Sauerland, die sie zusammen mit ihrem Bruder Werner unternahm, nachdem sie bereits 1817 zum erstenmal dort gewesen war. In Gevelinghausen im heutigen

32

Geistliche Lyrik setzt sich im Unterschied zum liturgisch gebundenen Kirchenlied undogmatisch individuell mit Glaubensinhalten und Glaubenshaltungen auseinander. Im 19. Jahrhundert wurde sie aus religiösem Gefühl bei Novalis, Brentano, Luise Hensel und Annette von Droste-Hülshoff erneuert.

Landkreis Meschede war seit 1796 die Familie von Wendt-Papenhausen ansässig, aus der Annettes Stiefgroßmutter in Bökendorf stammte. Caroline von Wendt-Papenhausen wurde 1826 die Frau Werners und die neue Schloßherrin auf Hülshoff.

Die literarische Ausbeute dieser Jahre war begrenzt. Der 1819 begonnene, aber unvollendet gebliebene Roman ›Ledwina‹, nach ›Walter‹ und ›Berta‹ das dritte der größeren Jugendwerke, wurde endgültig abgebrochen. Im Herbst 1820 legte Annette die

24 Caroline von Wendt-Papenhausen (1802–1881). Gemälde

Reinschrift einer Reihe geistlicher Lieder in die Hand ihrer Mutter. Ursprünglich handelte es sich dabei um den in das Jahr 1819 zurückreichenden Plan, für ihre fromme ostwestfälische Stiefgroßmutter Erbauungslieder zu schreiben. Dieser erste Teil des erst 1839 fortgesetzten und vollendeten ›Geistlichen Jahrs‹ folgt dem Kirchenjahr von Neujahr bis Ostermontag. Die religiösen Gedichte und Festtagslieder, zunächst im Stil traditioneller, pietistischer Erbauungslyrik, gewannen zunehmend den Charakter persönlicher Bekenntnisdichtung, so daß sie für die naiv fromme Großmutter wenig geeignet erschienen.

In einem undatierten Brief an Anna von Haxthausen heißt es: »Ich habe diesen Winter ein ganzes Buch geistlicher Lieder geschrieben, von denen die der Mutter [= Großmutter] geschick-

> Zum andern haben die geistlichen Gedichte Annettes durch ihren fragenden, sinnenden und fast grüblerisch untersuchenden Charakter häufig etwas Düsteres und Beklemmendes, welches eine leichte, heitere Stimmung selten aufkommen oder durchblicken läßt, so daß sogar manche fromme Seelen … von ihnen so berührt werden, als walte darin etwas wie Unglaube und Skeptizismus.
>
> *C. Schlüter, Vorwort zur 1. Auflage der Lieder L. Hensels, Paderborn 1868*

ten nur eine kleine veränderte Auswahl sind. Du hast recht, sie sind für mich selbst gemacht ... Der Zustand meines ganzes Gemütes, mein zerissenes schuldbeladenes Bewußtsein liegt offen darin.« In diesem Sinn setzt sich das ›Gedicht zum fünften Fastensonntag‹ noch einmal mit Straube auseinander:

Bruder mein, so laß uns sehen
    Fest auf Gottes Wort.
Die Verwirrung wird vergehen,
    Dies lebt ewig fort!
Weißt du wie sie mag entstehen
    Im Gehirne dort?
Ob wir einst nicht lächelnd sehen
    Der Verstörung Wort,
Wie es hing an einem Faden,
    Der zu hart gespannt,
Mit entflammtem Blut beladen
    Sich der Stirn entwand?

Privates und Religiöses sind in den Liedern eigentümlich verknüpft, indem die Dichterin versucht, für die Enttäuschung in der Liebe Trost im Glauben zu finden. Doch schon die Vorrede »An meine liebe Mutter« läßt ahnen, daß der Glaube für die, die um ihn ringt, über keine ausreichend tröstende Kraft verfügt. Überall sind »die Spuren eines vielfach gepreßten und geteilten Gemütes« fühlbar, und es verwundert nicht, wenn

34

25 Autograph zum Lied ›Am Gründonnerstage‹ von Annette Droste-Hülshoff (1798–1876)

die Mutter nach der Lektüre der Vorrede das Büchlein aus der Hand legte, ohne die folgenden Gedichte gelesen zu haben. Sie wollte den Gedanken erst gar nicht in sich aufkommen lassen, daß ihre problematische Tochter womöglich keine Katholikin mehr wäre, nicht mehr dem Glauben anhinge, der den geistig-sittlichen Horizont des Landadels in Westfalen bestimmte. Nach einiger Zeit nahm Annette das weiterhin unbeachtete Heft wieder an sich.

Nachdem der naive Kinderglaube verloren war und bittere Lebenserfahrungen Zweifel an der Güte und Gnade Gottes hatten aufkommen lassen, versuchte Annette, Gott mit der Kraft ihres Verstandes zu finden, und mußte doch immer wieder erfahren, daß ihr Gott unzugänglich und verborgen blieb, ein im Grunde nicht zu rührender, teilnahmsloser *deus absconditus*.

Vergleicht man die religiöse Lyrik der Droste mit den geistlichen Liedern der nahezu gleichaltrigen Luise Hensel, der Dichterin des berühmten Abendgebets ›Müde bin ich, geh' zur Ruh'‹, so wird der untröstliche Glaubenspessimismus Annettes deutlich, der die hoffnungsvolle Zuversicht der in Westfalen lebenden, aus dem Märkischen stammenden Lyrikerin versagt war. Einen Höhepunkt erreicht die Ohnmacht des um den Glauben ringenden Menschen und seine Verzweiflung angesichts der irdischen Erbärmlichkeit in den ›Gedichten zur Karwoche‹:

> Tiefes, ödes Schweigen,
> Die ganze Erd' wie tot!
> Die Lerchen ohne Lieder steigen,
> Die Sonne ohne Morgenrot.
> Auf die Welt sich legt
> Der Himmel matt und schwer,
> starr und unbewegt,
> Wie ein gefrornes Meer.

35

> Und muß ich schauen in des Schicksals Gange,
> Wie oft ein gutes Herz in diesem Leben
> Vergebens zu dir schreit in seinem Drange,
> Bis es verzweifelnd sich der Sünd ergeben,
> Dann scheint mir alle Liebe wie ein Spott,
> Und keine Gnade fühl' ich, keinen Gott
>
> *Am Sonntage nach hl. drei Könige*

Bilder der radikalen Trostlosigkeit, Endzeitstimmung, Tod der Schönheit, Erstarrung aller Hoffnung. Die alles verschlingende Trauer gebiert apokalyptische Visionen des Untergangs. Der im Oktober 1820 abgeschlossene erste Teil des ›Geistlichen Jahrs‹ zeigt Annette Droste in der tiefsten Krise ihres noch jungen Lebens.

Für eine lange Frist verstummte die Dichterin, da der Pessimismus der sehr persönlich gestimmten geistlichen Lieder kaum noch zu übertreffen war und sich keine aus der Krise herausführenden Perspektiven abzeichneten. Annette, die zurückgezogen auf Hülshoff lebte, schrieb in dieser Phase nur wenige Briefe an Verwandte, oft belanglosen Inhalts: ein Spiegel der Monotonie eines zurückgewiesenen und vergessenen Daseins und der zunehmenden Vereinsamung der im innersten Getroffenen. Hülshoff war ihr Zufluchtsstätte und zugleich Ort ihrer Verbannung, wo sie die ihr zugefügten Kränkungen zu verarbeiten und zu vergessen suchte und wo ihr dennoch immer wieder das persönliche Ausgestoßensein unabwendbar vor Augen stand. Zeichnend und lesend war sie bemüht, ihre verzweifelte Lage zu bewältigen. So erarbeitete sie sich das Buch ihres Onkels Maximilian von Droste-Hülshoff über den Generalbaß, Zeugnis der musikalischen Begabung in der väterlichen Familie, einer Begabung, die auch Annette geerbt hatte.

26 Nach dem Unwetter. Gemälde von Heinrich Deiters, 1885

27 Maximilian Friedrich von Droste-Hülshoff
(1764–1840), Bruder des Vaters der Dichterin.
Lithographie, um 1830

Zwischen den Jahren 1822 und
1824 gibt es keine schriftlichen
Lebenszeichen. Mit den Reisen ins Sauerland aber begann-
nen Isolation und Vereinsamung langsam zu weichen.
Die Welt, bisher im wesentlichen eingegrenzt auf das Münsterland und Ostwestfalen, weitete sich allmählich und öffnete
die quälende Stagnation überwin-
dende Perspektiven. Für die Droste, inzwischen am Ende ihres zweiten Lebensjahrzehnts, setzte
eine entscheidende Entwicklungsphase ein, in der sie, ihrer
alten Welt zunächst den Rücken kehrend, aufbrach und die
Enge und mit ihr die unsäglichen Frustrationen hinter sich
ließ. Erst das Reisen weckte ihre Lebensgeister erneut. Sie
tauchte aus einer unfruchtbaren Zeit innerer Erstarrung auf,
drängte den Schmerz, der sie hatte verstummen lassen, in den
Hintergrund und fand zögernd wieder Mut zu sich selbst.

Reise an den Rhein

Im Oktober 1825 unternahm Annette auf ärztlichen Rat zu einer Luftveränderung, aber in erster Linie wohl auch, um der drückenden Enge Hülshoffs wenigstens kurzfristig einmal zu entkommen, ihre erste größere Reise. Ziel war Köln, wo sich ihr Onkel Werner von Haxthausen mit seiner jungen Frau, einer geborenen von Harff aus einer Kölner Patrizierfamilie, als preußischer Regierungsrat niedergelassen hatte, nachdem die Rheinlande 1815 auf dem Wiener Kongreß endgültig dem Königreich Preußen zugeschlagen worden waren. Persönlich kompliziert und cholerisch, verfolgte er zwar die dichterischen Versuche der Nichte weiterhin mit Ironie und Spott, war aber ein aufrichtiger Charakter, der mit seiner Meinung nicht zurückhielt und wohl auch kaum an dem Bökendorfer Komplott beteiligt gewesen sein dürfte. Annette wohnte während ihres Aufenthalts in Köln bei ihm und seiner Frau, führte eingehende Gespräche und ordnete die Bibliothek des Onkels, der mit Arndt, Görres, den Brüdern Grimm und Schlegel in Verbindung stand.

Annette lebte in der Rheinmetropole – die erste wirkliche Großstadt, die sie kennenlernte – zusehends auf und nahm regen Anteil am öffentlichen Leben, zu dem ihr die Tante aufgrund ihrer Herkunft alle Türen zu öffnen vermochte.

Kurz nach ihrer Ankunft in Köln lief am 17. Oktober 1825, begleitet von einem Volksfest, der erste deutsche Rheindampfer ›Friedrich Wilhelm‹ vom Stapel, ein Erlebnis, das sie faszinierte und von dem sie ausführlich der Mutter berichtet: »Ein

Die dumpfe Atmosphäre im vormärzlichen Preußen haben die Kölner, in denen alte freiheitliche Überlieferungen noch lebendig waren, als drückend empfunden. Ihrer Lebensfreude verliehen sie in dem seit 1823 in neuen Formen wiederbelebten Karneval Ausdruck, und ihre Tatkraft scheint auf das wirtschaftliche Leben abgedrängt worden zu sein.
Hugo Stehkämper, in: Historische Stätten. Nordrhein-Westfalen, Stuttgart 1963

so großes Dampfschiff ist etwas höchst Imposantes, man kann wohl sagen, Fürchterliches. Es wird, wie Du wohl weißt, durch Räder fortbewegt, die, verbunden mit dem Geräusch des Schnellsegelns, ein solches Gezisch verursachen, daß es auf dem Schiff schwer halten muß, sich zu verstehen ... Aber im Schiffe steht eine hohe dicke Säule, aus der unaufhörlich der Dampf hinausströmt in einer grauen Rauchsäule mit ungeheurer Gewalt und einem Geräusch wie das der Flammen bei einem brennenden Haus.« Obwohl ihr das zischende und dampfende Gefährt wie eine »Höllenmaschine« vorkam, wollte sie dennoch die »schöne Gelegenheit wohl benutzen, um nach Koblenz zu kommen, was in fünf Stunden möglich sein soll.«

Die Briefe der Droste erreichen in ihrer anschaulichen, sinnlichen Darstellungsweise nicht selten literarisches Niveau. Auftauchend aus der Enge, aus Stagnation und Monotonie, erlebte Annette das Dampfschiff als Sinnbild des Dynamischen und Mobilen, eine atemberaubende Maschine, die mit ihrer Kraft ins Weite drängte und den Menschen in seiner Vorstellung mit forttrug. In realistischer Sichtweise entsteht das Bild einer Welt im Aufbruch, der Wunschtraum expansiver Selbstentfaltung schien Wirklichkeit geworden. Die technische Sensation, wahrgenommen zwischen Erschrecken und Bewunderung, lenkte den Blick von den inneren Komplikationen auf

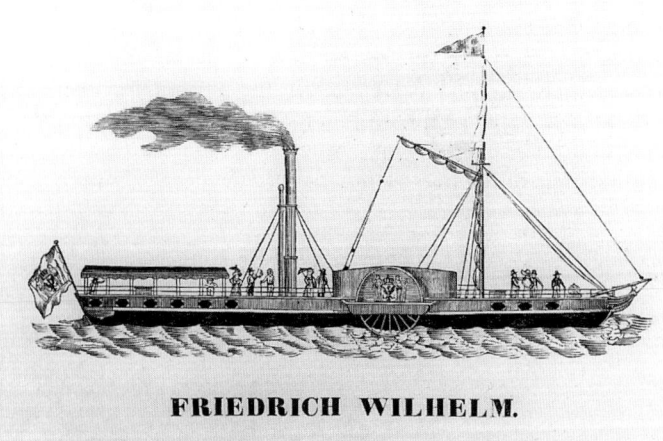

FRIEDRICH WILHELM.

die äußere, aufregende Welt und ließ ein Gefühl der Befreiung von seelischer Bedrückung aufkommen.

Das Treiben in der großen Stadt öffnete belebende Perspektiven und rief ein unbeschwertes, fast beschwingtes Lebensgefühl hervor. Ihrer Schwester Jenny schreibt Annette: »Du glaubst überhaupt nicht, wie elegant man hier sein muß. Die Tante geht in alle Gesellschaften, und da muß ich fast immer weiße Schuh und seidene Strümpfe tragen.« Wie weggeblasen waren in der heiteren rheinischen Atmosphäre die düsteren Aspekte der jüngsten Vergangenheit in der westfälischen Heimat. Annette begann, sich unverstellt zur weiblichen Eitelkeit und zu den schönen Dingen des Lebens zu bekennen. Sie freute sich, als man ihr zu Weihnachten ein »schönes Ballkleid«, ein »petinet (Spitzen-)Unterkleid, sehr schön mit Blumen besetzt« und »schöne Bracelets mit Amethysten« schenkte.

29 Maria Anna, genannt Jenny, von Droste-Hülshoff (1795–1859), Schwester der Dichterin. Gemälde, um 1820

Das städtische Leben erweckte in dem Mädchen vom Lande eine bisher verborgene und ungeahnte Leichtigkeit, eine nie gefühlte Lust, teilzunehmen am gesellschaftlichen Treiben, an einem Dasein, das keine Probleme, keine Trübsal und Langeweile zu kennen schien. »Es geht mir hier übrigens sehr gut. Köln ist im Winter äußerst angenehm. Ich habe einige Bälle besucht, wo ich aber den Leuten den Aberglauben, daß ich von-

◄ 28 Das große Dampfschiff, ursprünglich ›de Rijn‹ genannt, wurde nach einer Reise mit dem preußischen König in ›Friedrich Wilhelm‹ umgetauft. Bereits am 12. Juni 1816 hatte ein englisches Dampfschiff in Köln angelegt. Ein Jahr darauf steuerte James Watt persönlich einen Dampfer den Rhein hinauf.

30   Köln, um 1840. Gezeichnet von W. L. Leitch, gestochen von M. J. Starling

wegen meiner subtilen Figur gut tanzen müßte, gelassen habe, nämlich dadurch, daß ich gar nicht getanzt habe, als allenfalls einmal herumgewalzt.«

Staunend und amüsiert verfolgte sie das seit 1823 in neuen Formen wiedererwachte, bunte Karnevalsgeschehen in Köln, das ausgelassene Treiben, dessen befreiende Wirkung sie höchst angenehm an sich selbst erfuhr. Wohltuend empfand sie den urbanen, niemals verletzenden Humor in den Karnevalsveranstaltungen, »wo sehr witzige Sachen gesagt wurden, und doch ganz ohne Beleidigung.«

Gerade während ihres ersten Kölner Aufenthalts genoß Annette die heiteren Seiten des Lebens und wurde sich dabei eines Teils ihrer eigenen Persönlichkeit bewußt, der sich un-

42

1817. März 20. wurde die ›Schöpfung‹ von Haydn gegeben. Papa war mit Nette und mit mir hin … hernach machte General Thielmann uns Platz und unterhielt sich lange mit Nette, die er, weil sie eine Mütze unter dem Hut hatte, für Mama ansah, seitdem hat sie sich Locken abgeschnitten, und die Mütze ist vergessen und abgedankt für immer.
Aus dem Tagebuch der Jenny von Droste-Hülshoff

ter dem Druck der engen westfälischen Verhältnisse bisher kaum hatte entfalten können. Bereits hier deuteten sich Möglichkeiten zu einer Selbstbefreiung von einengender Provinzialität und bevormundender Tradition an, Möglichkeiten, die Annette später durchaus erfolgreich zu realisieren verstand. Charakteristisch für sie ist der genaue, selbst feine Details wahrnehmende Blick, der sich mit staunender Aufmerksamkeit und Anteilnahme auf die aufregende Welt richtete. Unvoreingenommenheit und Detailtreue lassen bereits die realistische Autorin ahnen.

Wichtig aber wurde die erste Rheinreise für Annette nicht zuletzt durch die Begegnung mit anregenden und weltoffenen Menschen. Allein sechs Wochen hielt sie sich bei Wilhelmine von Thielmann, geborene Charpentier, Schwester von Novalis' zweiter Braut Julie, in Koblenz auf. Die 25 Jahre ältere Frau von Thielmann, Frau eines ehemals kommandierenden, 1824 verstorbenen Generals, hatte Annette bereits 1817 im Rahmen der Schloßbälle in Münster kennengelernt, wo die Thielmanns einen Flügel des Schlosses bewohnten. Annette fühlte sich in besonderem Maße von dieser fast doppelt so alten Frau angezogen, bei der sie sicherlich größeres Verständnis als bei ihrer eigenen Mutter gefunden hat.

Frau von Thielmann, noch der ersten Romantikergeneration angehörend, hatte als junge Frau Schiller und wahrscheinlich auch Goethe kennengelernt, dem ihr Mann einige Male begegnet war. Der Briefwechsel zwischen Annette und der belesenen, geistig hochstehenden Frau ist bis auf einen Brief Annettes verlorengegangen. Das dort verwendete vertrauliche Du und das angesprochene, breitgespannte Interessenspektrum lassen indes auf einen fruchtbaren Dialog zwischen den beiden Frauen schließen. In einem späten Brief Annettes heißt es über die Generalin: »Ich habe sie sehr lieb gehabt, ihr hin-

Ich habe Dir unser Rüschhaus schon öfters beschrieben. Du weißt, daß der Raum beschränkt, unsere ganze Lebensweise höchst einfach ist. Kennte ich mein Minchen nicht so genau, ich dürfte gar nicht sie einzuladen wagen. Aber nun weiß ich, daß ich es darf, und meine wohl gar, Du würdest Geschmack an unsrer Art zu sein finden.

Am 2. November 1828 an Wilhelmine von Thielmann

31 Die Familie von Clemens August
von Droste-Hülshoff. Gemälde von
Jakob Götzenberger

sichtlich meiner Geistesbildung sehr viel zu verdanken.«

Frau von Thielmann war die erste in der Reihe von geistreichen Frauen, die auf die Droste und ihr literarisches Selbstbewußtsein einen nachhaltigen Einfluß ausgeübt haben. Nach ihren Schwierigkeiten mit den Haxthauser Onkeln und der Bökendorfer Katastrophe suchte Annette zunehmend bei den Vertreterinnen ihres eigenen Geschlechts Zuspruch und Verständnis.

Durch die Frau ihres Onkels bekam sie Kontakt zur tonangebenden Kölner Gesellschaft, in die sie problemlos aufgenommen wurde und in der sie sich, vielerlei Anregungen und Anstöße empfangend, gern bewegte. Wohl im Winter 1825/26 lernte sie bei einer der gesellschaftlichen Zusammenkünfte die nahezu gleichaltrige Sybilla Mertens-Schaaffhausen, Tochter des reichen Kölner Bankiers Abraham Schaaffhausen, kennen und beeindruckte die zarte, kränkelnde Frau derart, daß diese sie am liebsten immer um sich gesehen hätte. Betty von Haxthausen erinnert sich an die Begegnung der beiden Frauen, die eine sich ihrer weiblichen Identität bereits voll bewußt, die andere auf dem Weg dahin: »Die Mertens, welche leider sehr kränkelt, wird durch Nette sehr erheitert; und Herr Mertens ist ganz charmiert in sie und möchte sie in seinem Hause etabliert sehen, um sich an ihren lebendigen Erzählungen ergöt-

Eine gescheite Frau hat Millionen geborener Feinde: – alle dummen Männer.

Marie von Ebner-Eschenbach,
Aphorismen, 1880

zen zu können.« Annette selbst zählte Frau Mertens zu ihren »besten Bekannten«. Da sie nicht weit vom Hause des Onkels in ihrer Kölner Stadtwohnung lebte, ließ sie Annette oft herüberbitten, da ihr schlechter gesundheitlicher Zustand sie ans Haus band.

Sybilla Mertens-Schaaffhausen, die in der Kölner wie in der Bonner Gesellschaft bewundernd auch die »Rheingräfin« genannt wurde, gehörte zur Generation der Frauen, die im Gefolge der romantischen Hochschätzung des Weiblichen früh zur Selbstachtung und zu einem stabilen Selbstbewußtsein gefunden hatte, was sich indes problematisch auf ihre Ehe mit dem Bankier Mertens auswirkte.

Bereits als Kind entwickelte sie eine beachtliche Virtuosität auf dem Klavier. Neben ihren Interessen an der neueren Literatur widmete sie sich vor allem der Altertumsforschung. Auf ihrem ihr als Mitgift zugefallenen Landsitz, dem »Auerhof« in Plittersdorf, unweit von Bonn, umgab sie sich mit kostbaren Gemälden, antiken Gipsabgüssen und einer Sammlung von Musikinstrumenten. Daneben sammelte sie seltene Münzen und Gemmen, alte Uhren und Autographen berühmter Geister der Zeit, unter ihnen Klopstock, Claudius und viele andere. In ihrer kleinen selbstgeschaffenen Welt bewegte sie sich selbstbewußt und souverän, gestützt auf ihre finanzielle Unabhängigkeit und weitgehend unbehelligt von männlich diktierten Rollenansprüchen.

Der intensive Umgang Annettes mit der selbstbewußten, gewiß auch okkupierenden Frau, führte im eher konservativen Klima des Hauses ihres Onkels zu mancherlei Spannungen. So schreibt Annette nach ihrer Rückkehr nach Hülshoff an ihre Tante Betty: »Ich bitte,

32 Sybilla Mertens-Schaaffhausen, genannt »Die Rheingräfin« (1797–1857). Zeichnung von Ludwig Krewel

mach doch, daß mir der Onkel auch nicht mehr böse ist. Ich habe ihm so oft, auch in anderen Dingen widersprochen, was ich auch besser nicht getan hätte.« Kurz vorher heißt es im gleichen Brief: »Am Abend fragte mich die Mutter viel und ernstlich darüber, ob ich mich auch gut betragen habe und Dir immer gehorsam gewesen sei: ich sagte, ich hoffe es, aber es war mir äußerst empfindlich, weil ich bedachte, wie oft ich Dir nur Kummer und Unannehmlichkeiten gemacht habe.«

Annette, inzwischen 29 Jahre alt, fühlte sich, wieder konfrontiert mit ihrer Familie, insbesondere mit ihrer Mutter, genötigt, sich wie ein Schulmädchen für ihr freizügigeres Kölner Verhalten zu entschuldigen, und zeigte sich konform mit dem, was man traditionell von ihr erwartete. Der Verkehr mit der Kölner Freundin hatte sie für kurze Zeit vom Druck des angepaßten Wohlverhaltens befreit und ihr die Möglichkeit einer unabhängigen weiblichen Existenz vorgestellt. Widerspruch dem Onkel gegenüber, geistiger Widerstand gegen die von ihm repräsentierte Autorität des Geschlechts und des Alters, Verletzung der kindlichen, mütterlich gebotenen Gehorsamspflicht als Bedingungen der Selbstbefreiung und der Selbstverwirklichung entfernten Annette in tragischer Konsequenz von ihrer Familie, die sie jedoch für ihr »nacktes Überleben« brauchte. Sicherung der unabdingbaren Lebensgrundlagen schien nur um den Preis der Unterwerfung unter die traditionelle Autorität möglich. Noch unterwarf sich Annette, wirtschaftlich und häuslich abhängig, dem Diktat ihrer Gesellschaft, aber dennoch hatte ihr die kurze Kölner Zeit Wege zu einer größeren persönlichen Unabhängigkeit gewiesen, Wege allerdings, die sie in dieser Phase noch nicht zu beschreiten vermochte.

In Wilhelmine von Thielmann und Sybilla Mertens-Schaaffhausen begegneten Annette geistig profilierte, im Gefolge ro-

Befreit das Weib. Erhebt es zur wirklichen Erzieherin der Menschheit, zur Hüterin Eurer Freiheit ... Erweitert die Sphäre seiner Tätigkeit, ihr verdoppelt die Intelligenz im Dienste der Menschheit.
Mathilde Fransziska Anneke, 1872

mantischen Denkens emanzipierte Frauen, die auf sie einen bestimmenden Einfluß ausübten und sie selbst mit zeitgenössischen progressiven Bewegungen, in die das Streben nach weiblicher Emanzipation einbeschlossen war, in Berührung brachten. Diesen Frauen stand im Lebensraum Annettes die traditionalistisch eingestellte, sittenstrenge Mutter gegenüber, vor der sie sich als gehorsame Tochter zeit ihres Lebens verantworten zu müssen glaubte. »Deine gehorsame Nette« steht unter vielen Briefen an die Mutter, die uneingeschränkt und unnachsichtig Anpassung an die hergebrachten Rollenbilder erwartete. Zwischen der Rückständigkeit Westfalens und der urbanen rheinischen Kultur paßte Annette sich nach außen den konservativen Lebensmustern an, um ihren Frieden zu haben, innerlich aber war seit ihrer Reise an den Rhein etwas in Bewegung gesetzt, was sie forttragen sollte zum ersehnten Ziel persönlicher Souveränität.

Reisen wurde für die Droste wie für viele ihrer dichtenden Zeitgenossen – erinnert sei an Heine, Lenau, aber auch an Luise Hensel – zum lebenslang vollzogenen Aufbruch aus der Enge in die Weite der Welt, in der man die Expansion des eigenen, unterdrückten und eingeschränkten Ichs erfuhr. So unwiderstehlich war der einmal ausgelöste Impuls, daß es Annette während ihres ersten Aufenthalts am Rhein zwischen 1825 und 1826 über die Grenzen Kölns hinausdrängte. Neben ihrem Ausflug nach Koblenz suchte sie die damals noch junge Universitätsstadt Bonn auf – die Rheinuniversität war 1818 gegründet worden –, wo sie abwechselnd bei ihrem Onkel Moritz Elmerhaus von Haxthausen, dem ältesten Bruder der Mutter, der wegen der Heirat einer Protestantin auf sein Erbe verzichten mußte, und bei ihrem Vetter Clemens August von Droste-Hülshoff, Professor der Rechte, und dessen Frau Pauline, einer geborenen von und zur Mühlen, wohnte. Annette

33 Moritz Elmerhaus von Haxthausen. Gemälde von Ludwig Krewel, 1833

hat ihren Vetter, den Sohn des Musikkenners Maximilian von Droste-Hülshoff, von Jugend auf sehr geschätzt und geliebt. Bei seinem frühen, völlig unerwartetem Tod im Jahr 1832 widmete sie ihm einen poetischen Nachruf:

Wer könnte unter diesen Gräbern wandeln,
Der ihn gekannt wie ich, so manches Jahr,
Der seine Kindheit sah, so frisch und klar,
Des Jünglings Glut, des Mannes kräftig Handeln?

Ärgerlich fand sie die ablehnende Einstellung ihres Onkels Werner zu ihrem Vetter, verriet er doch dadurch nur seine konservativ borniere Unduldsamkeit. Einem Studenten gegenüber, schreibt Annette, äußerte er sich einmal: »Wenn Sie einen großen breitschultrigen Kerl sehen, mit einem starken, aufgedunsenen Gesicht, der ungeheuer dumm raisonniert, so können Sie nur denken, daß es der Droste ist.« Ähnlich parteiisch und voreingenommen, ging Werner auch mit anderen ins Gericht, die sich kritisch zu August Wilhelm Schlegel, dem Star der Bonner Universität, verhielten.

Annette, die während ihres Aufenthalts in Bonn in Verbindung zu dem berühmten Professor für Kunst- und Literaturgeschichte trat, der sich vor allem als Literarhistoriker (›Vorlesungen über dramatische Kunst und Literatur‹) und Übersetzer Dantes, Calderóns und Shakespeares

34 August Wilhelm von Schlegel (1767–1845), ab 1796 Mitarbeiter an Friedrich Schillers ›Horen‹ in Jena, gab mit seinem Bruder Friedrich das ›Athenäum‹ heraus und schuf mit diesem die Grundlagen der romantischen Kunstlehre. 1819 begründete er als Professor in Bonn das Studium der altindischen Philologie. Gemälde von Adolf Hohneck, 1830

48

einen Namen gemacht hatte, entwickelte bei aller Anerkennung seines intellektuellen Profils ein betont distanziertes Verhältnis zu ihm. Schadenfroh klingt die Anekdote eines Mißge-
schicks Schlegels, Zeugnis für Annettes bissigen Witz: »Neu-
lich ist ein Fleischer mit einer schweren Last Fleisch auf dem
Rücken gerade auf Schlegel gefallen, so daß man geglaubt hat,
es wäre kein Stück von ihm ganz geblieben. Er hat indessen,
wunderbarerweise, nichts dabei gelitten, außer den Verlust
seines besten Röckchens, was überher eine andere Farbe bekommen hat.« Auffällig ist die respektlose Darstellung eines
der führenden Geister der romantischen Bewegung, wie denn
die Einstellung der Droste zu den Männern überhaupt spätestens seit ihren Bökendorfer Erfahrungen betont nüchtern und
kritisch geworden war, frei auf jeden Fall von Illusionen.

Neben dem Erlebnis des technischen Fortschritts und der
urbanen Kultur sowie den Begegnungen mit geistig profilier-
ten Frauen bedeutete der Kontakt mit der bereits renommierten Rheinuniversität eine weitere entscheidende Erfahrung.
Wichtig für Annette – und ausdrücklich in ihren Briefen erwähnt – waren Eduard d'Alton, Professor der Archäologie
und Kunstgeschichte, und der Arzt und Naturforscher Professor Josef Ennemoser. D'Alton, Philosoph, Kunstkenner und
Künstler in einer Person, zog Annette besonders an. Bekannt
mit Goethe und Herzog Karl August von Weimar, mit denen
er in Tiefurt verkehrt hatte, galt er als Autorität auf dem Ge-
biet der Kunst. Schlegel lobte seine Vorträge als »gleich kennt-
nisreich, beredt und beseelt« und nannte ihn anerkennend
»sein Orakel in Kunstsachen.« Annette bat ihn später, ihre
Gedichte durchzusehen. Leider ist seine offenbar ausführliche
Stellungnahme verlorengegangen.

Josef Ennemoser, der, überzeugt von magnetischen Heilverfahren, vermutlich auch Wilhelmine von Thielmann behandelt

Schlegel hat einen schönen Ring vom König bekommen und ist schreck-
lich eitel damit, ist überhaupt lächerlich eitel, trotz seines vielen Verstandes und gibt dadurch seinem Feinde, Clemens Droste, viel gute Gelegenheit an die Hand ihn zu ärgern.

Über August Wilhelm Schlegel

hat, widmete sich im Zuge seiner Naturforschungen insbesondere den Phänomenen des Wunderbaren und Phantastischen. Sein Hang zum Übersinnlichen scheint Annette vorübergehend angesprochen zu haben, zumal sie selbst für die Nachtseiten der Natur und des menschlichen Bewußtseins aufgeschlossen war, was sich später markant in ihren Werken niederschlagen sollte.

Bereichert mit einer Fülle von Eindrücken und Erlebnissen trat Annette nach einem halbjährigen Aufenthalt am Rhein Ende April 1826 die Rückreise nach Hülshoff an. Schweren Herzens schied sie aus der für sie so anregenden, neuen Welt, wo ihr Aufgeschlossenheit entgegengebracht worden war und sich ihr ungeahnte Perspektiven eröffnet hatten. »Ich habe mich unbeschreiblich schwer von Köln getrennt; solange der liebe Onkel noch bei mir war, kam es mir vor, als ob ich noch nicht recht fort wäre. Aber am anderen Tage, als ich so mit einem Münsterischen Fuhrmann immer weiter fortfuhr, da war mir so zumute, daß ich mir immer vorsagen mußte. ›Du kommst ja zu deinen Eltern‹ um nicht den ganzen Tag zu weinen.«

Kein Wort von der Heimat, der Freude, sie wiederzusehen. Angestrengt versucht sie, sich einzureden, daß sie sich in Hülshoff wohlzufühlen habe, nachdem sie das Wohlgefühl in Köln wie selbstverständlich empfunden hatte. Auffällig ist, daß Annette während ihres rheinischen Aufenthalts offenbar niemals über gesundheitliche Probleme klagte. Machten sie die Heimat, die Familie, das einengende regionale Klima krank? Waren ihre Krankheitszustände in Wahrheit seelische, durch die äußere Borniertheit hervorgerufene Krisen mit quälenden körperlichen Symptomen? Vieles spricht dafür, vor allem Annettes in der Folgezeit immer wieder hervorbrechende Reiselust, die sie bis an ihr Lebensende dazu trieb, der Heimat den Rücken zu kehren, die freiere Luft jenseits der Verhältnisse zu atmen, in denen sie zu ersticken drohte.

50

Mein Malheur besteht einzig darin, daß ich in keiner größern Stadt, sondern in einer Gegend geboren bin, wo man einen gebildeten Menschen für einen verschlechterten Mastochsen hält.
Der westfälische Dramatiker Christian Dietrich Grabbe
in einem Brief von 1823 an Ludwig Tieck

Geschrieben hat sie in der betrachteten Phase nichts, zumindest nichts im engeren Sinn Poetisches. Ihre erhaltenen Briefe aus dieser Zeit aber weisen sie als eine lebendige Prosaistin mit erheblichem Erzähltalent aus. Der Brief sollte zeitlebens ein wichtiges Ausdrucksmedium für sie bleiben, in dem sie einen Dialog auf Distanz mit ihrer nächsten Umgebung führte, um sich lebensnotwendige soziale Bindungen zu sichern, in dem sie aber auch, und das vor allem, ihre Erfahrungen festhielt und ihre Erlebnisse verarbeitete. In den Briefen der Droste spiegelt sich ein Lebensentwurf zwischen Distanzierung und Teilnahme, zwischen der überlebensnotwendigen Anpassung an die Konvention und der Vergewisserung der persönlichen, das Konventionelle sprengenden Identität in der Auseinandersetzung mit dem jeweiligen Lebensraum.

Im Rahmen ihrer ersten Reise an den Rhein mit der Fülle an Begegnungen und Erfahrungen ist die Dominanz des Briefs nicht verwunderlich, da es zunächst galt, das Erfahrene zu verarbeiten, ihm einen Platz in der eigenen Persönlichkeitswerdung anzuweisen. Für das spätere, im engeren Sinn literarische Schaffen ist diese Phase als Beginn einer poetischen Inkubationszeit anzusehen, in der die Dichtungen heranreiften, die die Droste in erkennender Gestaltung mehr und mehr zu sich selbst finden ließen.

Aus dem Hülshof ins Rüschhaus

Nach ihrer Rückkehr aus Köln schreibt Annette: »Auch der Papa sieht sehr gut aus«, was sie um so mehr beruhigte, als er, wie sie von ihrer Schwester wußte, erst im Winter eine ernsthafte Erkrankung überstanden hatte. Zunächst ging alles seinen gewohnten Gang in Hülshoff. Im Mai 1826 heiratete ihr ältester Bruder Werner Caroline von Wendt-Papenhausen und bezog mit ihr das Gut Wilkinghege unweit von Münster.

Während die Mutter bereits ihre alljährliche Familienreise nach Bökendorf vorbereitete, erkrankte plötzlich der Vater erneut und starb nach kurzem Leiden am 25. Juli, unerwartet für die Hinterbliebenen und besonders schmerzlich für Annette, für die er die eigentliche Seele des Elternhauses gewesen war.

Für sie war es die erste, sie tief aufwühlende Begegnung mit dem Tod, das Erlebnis des Unwiederbringlichen, einer plötzlichen Leere, die kein Trost und kein Glaube vergessen machen konnten. Persönlich bedeutete der Tod des Vaters einen tiefen Lebenseinschnitt, den endgültigen Abschied von Kindheit und Jugend, den unersetzlichen Verlust der Geborgenheit in der Güte des Vaters.

Auf eine Erbteilung verzichtend, überließ die Mutter den Hülshoffschen Besitz ihrem ältesten Sohn Werner, der kurz darauf den Hülshof mit seiner jungen Frau bezog. Die Mutter und ihre Töchter begnügten sich mit bescheidenen Abfindungen, während der jüngere Bruder Ferdinand nach dem Stu-

's gibt Gräber, wo die Klage schweigt,
Und nur das Herz von innen blutet,
Kein Tropfen in die Wimper steigt,
Und doch die Lava drinnen flutet.
's gibt Gräber, die wie Wetternacht
An unserm Horizonte stehn,
Und alles Leben niederhalten ...
Über die Verzweiflung beim Tod des Vaters, ›Die Unbesungenen‹

35 Ferdinand von Droste–Hülshoff (1802–1829), Bruder der Dichterin. Gemälde, um 1820

dium der Forstwirtschaft in Anhaltische Forstdienste eintrat. Annette bekam eine schmale Leibrente zugesprochen und siedelte mit der Mutter, die es allerdings immer wieder vorzog, im Stadthaus der Drostes in Münster zu wohnen, der älteren Schwester Jenny und der Amme ins wenige Kilometer von Hülshoff gelegene Rüschhaus, das die Drostes als Witwensitz erworben hatten.

Erbaut worden war das großzügige Landhaus in den Jahren 1745–49 im Stil des westfälischen Barock, bodenständigen Ziegel- und Hausteinbau mit klassizistischen Elementen verbindend. Johann Conrad Schlaun (1695–1773), der fürstbischöfliche Baumeister des Erbdrostenhofs und des Residenzschlosses in Münster, hatte sich das einsam gelegene, von einem Wassergraben umgebene, dem Bauernhaus nachempfundene, herrschaftliche Gebäude als Sommersitz errichtet. Der ansprechende, ursprünglich im Geschmack des Barock gestaltete Garten war zur Zeit der Droste einem kleinen englischen Landschaftspark gewichen. Die Inneneinrichtung wirkt eher bescheiden. In einer Zeichnung hat Annette festgehalten, wie es in ihrem Arbeitszimmer, ihrem »Schneckenhäuschen«, aussah. Neben einem Klavier, einem Schreibsekretär und einem Sofa als herausragenden Stücken gab es nur noch wenige Stühle und einen Kachelofen. Hier führte Annette ein zurück-

Völlig wohlerhalten ist Schlauns eigener Landsitz, der Gutshof Rüschhaus bei Münster. Im Hauptbau liegen Tenne und Wohnräume nach westfälischer Bauernhausart unter einem hohen Dach vereinigt … Die Flügelbauten bilden mit dem Haupthause zusammen eine ehrenhofartige Gruppe von eigenartiger Würde.

Werner Hager, Die Bauten des deutschen Barock, 1942

gezogenes, einsames Leben, unterbrochen mitunter von nicht immer erfreulichen Verwandtenbesuchen und dem sonntäglichen Erscheinen des Hülshoffer Hausgeistlichen, Vikar Caspar Wilmsen, der im Gartensaal an dem sonst hinter einer Tür verborgenen Hausaltar die Messe las.

Oft allein, durchstreifte Annette die Umgebung von Rüschhaus, die, am Fuß eines Höhenzugs gelegen, interessante Mineralien und Versteinerungen bot. Aus den heimgebrachten Funden legte sie nach und nach eine beachtliche Sammlung an, Ausdruck ihrer Verbundenheit mit der Natur und der Naturgeschichte. Der Schwester, die abwechselnd noch in Hülshoff oder im Stadthaus lebte, schreibt sie von dem täglichen Kleinkram, von Einrichtungsproblemen, von den Aufgaben im Haus und im Garten und von dem Klatsch und Tratsch in der nächsten Umgebung.

Es muß ein ereignisloses Leben im Rüschhaus gewesen sein, ohne geistige Anregungen und Begegnungen mit geistvollen Menschen, Tag für Tag ausschließlich dem gleichförmigen Rhythmus des Landlebens ausgesetzt. Nach Hülshoff machte sich Annette nur selten auf, einmal wegen des beschwerlichen Wegs, zum andern aber wohl, weil das Verhältnis zu ihrem ältesten, standesbewußten, geistig wenig beweglichen Bruder eher kühl war. Nur schwer zu ertragen vermochte sie die auf

36 Das »Schneckenhäuschen« im Rüschhaus, nach einer Zeichnung der Droste. Das Tintenfaß auf dem Tisch ist noch erhalten, ebenso der Schreibtisch.

Hülshoff von der schnell wachsenden Familie ausgehende Unruhe. Ihrer Schwägerin, die in ihren Aufgaben als Hausfrau und Mutter völlig aufging, und deren hausbackener Art konnte sie wenig abgewinnen. »Hier in Havixbeck ist alles wie immer«, schreibt sie an die Schwester und bringt damit das eintönige, ereignisarme Landleben auf eine ebenso schlichte wie zutreffende Formel.

Von der Lektüre und der eigenen geistigen Arbeit Annettes ist wenig überliefert. Mit Spannung hat sie offenbar Coopers ›Der Letzte der Mohikaner‹ gelesen, der 1826 im Jahr der Originalausgabe bereits in deutscher Übersetzung vorlag. »Unbeschreiblich interessant, vorzüglich die ersten Teile; die letzten sind zwar eben so schön, aber man ist schon mehr an die Schreibart gewöhnt, die anfangs so sehr frappiert.« Neben der Reise- fand die Abenteuerliteratur in einer Zeit, die nach der Restauration in den alten Gesellschafts- und Herrschaftsverhältnissen stagnierte, wachsenden Zuspruch. Überdies dürfte der von Cooper dargestellte Bund zweier außergewöhnlicher einsamer Menschen, die sich außerhalb der Zivilisation einer sittlich verstandenen Natur unterwerfen, die Droste in ihrer eigenen Lebenssituation unmittelbar angesprochen haben.

Das Leben in dem abgelegenen Landhaus, abgeschnitten von allen bedeutenden Entwicklungen, spiegelt beispielhaft restauratives Dasein. Nach ihren rheinischen Erlebnissen muß sich Annette in der sie umgebenden Gleichförmigkeit und Ereignislosigkeit wie in einer Zwangsklausur gefühlt haben, zumal sich auch auf weiteres keine Abwechslungen und Perspektiven abzeichneten. Sorgen bereitete ihr der Gesundheitszustand ihres Lieblingsbruders Ferdinand, der sie gelegentlich besuchte: »Ich muß Dir sagen, liebste Jenny, daß Ferdinand vor einigen Tagen ziemlich stark Blut gespieen hat.«

James Fenimore Cooper (1789–1851)
Sohn englischer Einwanderer, Verfasser politischer Schriften, mehrerer Reisebücher, sozialkritischer Romane und der zur klassischen Jugendlektüre avancierten Lederstrumpferzählungen

37 Das Rüschhaus von der Gartenseite gesehen. Fotografie vor der Wiederherstellung des Barockgartens

Annettes eigene körperliche Beschwerden nahmen zusehends zu. Häufig klagte sie über Kopf- und Augenschmerzen, so daß es ihr kaum möglich war, wenige Zeilen zu Papier zu bringen. Dazu stellten sich Migräneanfälle, Atemnot und eine quälende Schlaflosigkeit ein. In einem Brief an Wilhelm Grimm zeigt sich Jenny 1828 besorgt um die Schwester: »Um Nette habe ich große Sorge gehabt, sie ist Gott sei Dank! jetzt wieder wohl, und ihr Übel, selbst wenn es noch wiederkehren sollte, nicht von so gefährlicher Art. Seit ich das Unglück gehabt habe, den lieben Vater zu verlieren, bin ich oft gar zu ängstlich.«

Im Sommer 1828 entschloß sich Annette, der Öde des Rüschhauser Lebens zu entfliehen und dort Erholung zu suchen, wo

38 Johann Conrad Schlaun (1695–1773). Kopie nach einem Original des 18. Jahrhunderts. Gebürtig aus dem Kreis Warburg, gilt er als der letzte große Baumeister des deutschen Barock. Bauten: Jesuitenkolleg Büren (1716–1720), Schloß Brühl (1725–1728), Schloß Clemenswerth bei Meppen (1736–1750), Erbdrostenhof in Münster (1753–1757), Residenzschloß in Münster (1767 begonnen)

39 Haus Rüschhaus, Annettes Arbeitszimmer. Gegenwärtiger Zustand als Museum

sie die bisher glücklichsten Wochen und Monate ihres Lebens verbracht hatte. Sie reiste zunächst nach Bonn und besuchte dort ihren Vetter Clemens August. Darauf fuhr sie nach Plittersdorf zu ihrer Freundin Sybilla Mertens-Schaaffhausen. Höhepunkt ihrer Reise sollten aber weder das erneute Zusammentreffen mit ihrem Vetter noch das Wiedersehen mit ihrer gleichaltrigen Freundin sein, sondern die Wiederbegegnung mit Wilhelmine von Thielmann, die sich damals in Bad Godesberg in unmittelbarer Nachbarschaft von Plittersdorf aufhielt. So konnte Annette abwechselnd mit beiden Frauen in Kontakt treten.

Getrübt wurde das Wiedersehen indes durch den schlechten Gesundheitszustand Frau von Thielmanns. »Wir haben bei

40 Stadthaus der Familie Droste-Hülshoff in Münster, Ecke Krummer Timpen und Beckergasse. Von 1782 bis 1818 im Besitz der Familie, im Zweiten Weltkrieg zerstört.

41 Haus Rüschhaus, Gartensaal; heutiger Zustand als Museum. Original sind noch die Supraporten, der Lüster und der in die Wand eingelassene Hausaltar, an dem oft sonntags der Hülshoffer Hausgeistliche, Vikar Caspar Wilmsen (1769–1841), die Messe feierte.

meinem Aufenthalt in Bonn so wenig von einander gehabt«, schreibt die Droste unmittelbar nach ihrer Heimkehr ins Rüschhaus, »Du warst krank … und so ist eine der Hauptabsichten der ganzen Reise, mit Dir, meine genaueste Freundin, recht viel zusammen zu sein, fast gänzlich vereitelt worden!«

Trotzdem waren die Besuche im Haus der Generalin wichtig für Annette, wichtig vor allem für ihr literarisches Schaffen, zu dem sie sich nach längerer Zeit wieder angeregt fühlte. Im Sommer 1828 hatte Frau von Thielmann Besuch von Verwandten, die bei ihrem Bruder gewesen waren, der die Salinen in Baix-les-Bains im Schweizerischen Kanton Waadt am Fuße des Sankt Bernhard leitete, wo seit dem 16. Jahrhundert Salz gewonnen wurde. Bereits im Winter 1825/26 hatte Annette mit großem Interesse von den Verhältnissen dort erzählen hören und wohl damals schon den Plan zu einer literarischen Auswertung gefaßt. Erste Vorarbeiten lagen 1828 vor, wesentlich abgeschlossen war vermutlich der erste Gesang. Vor allem Julie, Wilhelmines Tochter, schilderte Annette während des Godes-

59

Wilhelmine von Thielmann, geboren 1772 in Freiberg (Sachsen), Tochter eines Berghauptmanns und Professors an der Bergakademie, Frau eines kommandierenden Generals, gestorben 1842

berger Aufenthalts die Gebirgswelt der Alpen und unterrichtete sie über das im 10. Jahrhundert von den Augustiner Chorherren gegründete Hospiz auf dem Großen Sankt Bernhard zwischen der Montblancgruppe und den Walliser Alpen. Eingeengt, in einer beschränkten Welt lebend, mußten die Schilderungen der grandiosen Alpenszenerie auf Annette einen überwältigenden Eindruck ausüben. Hier tat sich eine Welt auf, die alle Grenzen zu sprengen schien, eine großartige Natur, die den Blick weitete und die bedrückende Enge vergessen ließ.

In ihrer Begeisterung für die konkret immanent erfahrene bzw. nachempfundene Natur, insbesondere für deren grandiose Aspekte, ist Annette von Droste-Hülshoff eine typische Vertreterin der Restaurationszeit, in der man sich aus der Unnatur einer beschränkten, unfrei machenden Lebenssphäre hinaussehnte in die unbegrenzte Weite natürlicher Entfaltung. »O, du bist immer schön, Natur!« heißt es gleich im ersten Gesang des als Versepos angelegten Werks ›Das Hospiz auf dem Großen St. Bernhard‹, das allerdings erst 1834 fertiggestellt

werden konnte. Dichtung, die ihren Namen verdiente, war für die Droste wie für viele ihrer Zeitgenossen vornehmlich noch gereimte Dichtung, eine Auffassung allerdings, die eine Reihe weiterhin lesenswerter damaliger Werke heute um ihre Wirkung bringt.

In ihrem Brief vom 2. November 1828 an Wilhelmine von Thielmann bittet Annette um weitere Informationen sowohl über das Kloster als auch

42 Annette von Droste-Hülshoff, am Kamin sitzend. Zeichnung von 1831. »Ich weiß nicht, wie es kommt, daß man jetzt auch fast nirgends hinsehen kann, wo man was Erfreuliches zu sehen bekäme. Mich dünkt, das wird alle Jahre schlimmer, deshalb mag ich auch gar nicht von hier fort, wo ich so ruhig, so friedlich lebe.«

(Annette von Droste Hülshoff in einem Brief von 1837 an Sophie von Haxthausen).

über die Naturszenerie. Erstaunlich ist dabei, wie detailliert und naturgetreu die Dichterin vorzugehen gedenkt, wie sie scheinbar unbedeutende Details und Requisiten des Ambiente genau erfassen möchte. »So kann ich nicht umhin«, schreibt sie erklärend mit Blick auf das ihr vorschwebende realistische Darstellungskonzept, »mich so genau wie möglich über die Lokalität zu unterrichten.« Schon in ihren Frühwerken, im Bemühen um genaue Lokalisierung, treten charakteristische Gestaltungszüge hervor, die es gerechtfertigt erscheinen lassen, in ihr in der Tat eine »Portalgestalt« des poetischen Realismus zu sehen.

Erneut löste die wiederholte Reise an den Rhein einen literarischen Schaffensprozeß aus, der in der Beschränktheit der westfälischen Verhältnisse immer wieder zu erliegen drohte, da niemand da war, mit dem sie sich über literarische Dinge hätte austauschen können. In dem genannten Brief an Wilhelmine von Thielmann, aber auch schon vorher in den Briefen an die Schwester wird deutlich, wie häufig Annette Tage und Wochen praktisch allein auf dem einsamen Landsitz zubrachte, verantwortlich für die Wirtschaft und die häusliche Organisation. Auch als sie im Herbst 1828 aus Bonn zurückkehrte, waren die Mutter und die Schwester noch in Bökendorf, wo sie, wie sie schreibt, seit sechs Jahren nicht mehr gewesen war, »um das Zusammentreffen mit meinem Onkel August Haxthausen zu vermeiden, dem ich aus hinlänglichen Gründen nicht eben gar zu hold bin, und dem es zu sehr an Takt gebricht, um bei einem gespannten Verhältnisse sich einigermaßen anständig zu benehmen – ich habe Proben davon!«

Überhaupt war die Einstellung zu ihren nächsten Verwandten, ausgenommen die Schwester Jenny und der Bruder Ferdinand, eher skeptisch bis ablehnend. Kritisch äußert sie sich zu ihrem Bruder Werner, den es in die Stadt gezogen hatte, während Hülshoff allmählich verwahrloste. »Unser liebes Hülshoff

Und darum sollte man auch im Hinblick auf den leidigen Zeitraum zwischen 1815 und 1848 nicht einfach resignieren, sondern ihn schlichtweg mit der Bezeichnung Restaurationsepoche versehen ... Obendrein könnte man in ihr sowohl die konservativen als auch die liberalen Autoren unterbringen. Denn von der Restauration wurden sie alle betroffen, ob sie nun staatskonform oder oppositionell auftraten.

J. Hermand/M. Windfuhr, Zur Literatur der Restaurationsepoche, 1970

liegt somit jetzt öde, es sind zwar ein paar Leute dort geblieben, um Garten und Haus einigermaßen in Ordnung zu halten, aber man weiß wohl, wie es mit unbewohnten Gütern geht.« Ihre Schwägerin bezeichnet sie als »gutes, harmloses Geschöpf«, und die Kinder erscheinen ihr »weder sehr hübsch noch sehr lebhaft.«

Um Annettes wahre Einstellung und ihr eigentlich kritisches Temperament kennenzulernen, muß man die Briefe an ihre Freundinnen lesen, denen gegenüber sie alle konventionellen Rücksichten fallen ließ und sich vorbehaltlos aussprach. Im Grunde hat sie zu dieser Zeit im Rüschhaus wie auf einer Insel eine Art Robinsonleben geführt, ohne Kontakt zu anderen, d. h. zu Menschen, mit denen sie sich geistig hätte austauschen können. Spätere Versuche von unterschiedlichen Seiten, das Leben auf dem isolierten Landsitz idyllisch zu verklären, übersehen die reale Tristesse eines solchen Daseins und den bewußten Rückzug von einer enttäuschenden Umwelt.

Der am Rhein zugebrachte Sommer hatte Annettes Gesundheitszustand nicht wesentlich gebessert. Weiterhin klag-

43 Küche mit Kamin und Herdfeuer im Haus Rüschhaus. Wie bei den traditionellen alten westfälischen Bauernhäusern bildet das Herdfeuer das Zentrum des Hauses.

te sie über mannigfache Beschwerden, besonders über Kopf-
und Augenschmerzen, die es ihr nicht einmal ermöglichten,
einen begonnenen Brief in einem Zuge zu Ende zu führen.
Daher wahrscheinlich auch die stockende, äußerst langwieri-
ge literarische Produktion in dieser Phase. Eine noch junge
Frau, praktisch abgeschnitten vom gesellschaftlichen Leben,
unverstanden von ihrer Verwandtschaft, enttäuscht von den
für sie in Frage kommenden heiratsfähigen Männern und
ohnehin nach dem Bökendorfer Skandal nur noch schwer
standesgemäß vermittelbar, war Annette Droste sich selbst
und ihrem Schicksal überlassen.

Wieder ereignete sich der Absturz in die Krankheit, schlimmer und besorgniserregender als je zuvor. Hatte doch nur die
Kranke eine Chance, beachtet zu werden, während man die
halbwegs Gesunde vergaß. Da die Ärzte keinen Rat mehr
wußten, wandte man sich an einen in Münster praktizieren-
den Homöopathen, der später berichtet, Annette habe ihn in
einem akuten Stadium schwindsuchtartiger Auszehrung aufgesucht. Das damals noch sehr junge Heilverfahren – Hahne-
manns ›Organon der Heilkunde‹ war erst 1810 erschienen –
erbrachte zunächst erste Erfolge.

Der Tod des lungenkranken Lieblingsbruders Ferdinand am
15. Juni 1829 verschärfte jedoch die Krise erneut, zumal Annette sich in der Pflege des Sterbenskranken völlig verausgabt
hatte. Jenny, in der Furcht, auch noch ihre Schwester zu verlieren, siedelte im Juli mit Annette vorübergehend nach Münster über, »weil uns der Arzt zu entfernt war, und es auch
Nette an der nötigen Zerstreuung fehlte«.

Zum erstenmal begann jemand in der Familie zu ahnen,
daß die Bedingungen, unter denen Annette leben mußte und
die man ihr familiär mehr oder weniger aufgezwungen hatte,
mitschuldig sein könnten an ihrem fatalen Gesundheitszu-

Was die Dampfschiffahrt für den See- und Flußverkehr, ist die Eisen-
bahn-Dampfwagenfahrt für den Landverkehr, ein Herkules in der Wiege,
der die Völker erlösen wird ... und auch den Niedrigsten unter ihnen
Kraft verleihen wird, sich durch den Besuch fremder Länder zu bilden, in
entfernten Gegenden Arbeit und an fernen Heilquellen und Seegestaden
Wiederherstellung ihrer Gesundheit zu suchen.

Friedrich List, 1834

44 Haus Rüschhaus, Hofansicht

stand. Wenig einfühlsam klingt es jedoch, wenn Jenny im gleichen Atemzug bedauert, daß nun die geplante Reise nach Bökendorf womöglich nicht stattfinden könnte.

Die homöopathische Therapie schien bei Annette auf die
Dauer positiv anzuschlagen, zumal sie verbunden war mit einer intensiveren persönlichen Zuwendung des Arztes und da
die Patientin Vertrauen zu dem Homöopathen Bönninghausen gefaßt hatte: »Die Apotheken sollen, seit er seine Kuren
macht, nur etwas Weniges über ein Drittel von dem absetzen,
was sie früher an Waren loswurden,« schreibt Annette mit kritischem Unterton, »und die Ärzte haben eine Menge ihrer ein-
träglichsten Patienten verloren, da Bönninghausen, wie sie
spöttisch sagen, ein Doktor für vornehme Leute und sonderlich für Damen ist, die sich zugleich gern über Literatur und
schöne Kunst unterhalten.«

Im Grunde wußte die Droste längst, daß ihre schlechte körperliche Verfassung nicht zuletzt die Folge seelischer Krisen

64

Homöopathie: Von S. Hahnemann
1810 begründetes Heilverfahren, das
– im Gegensatz zur Schulmedizin
(Allopathie) – versucht, Krank-
heiten mit solchen Stoffen in starker
Verdünnung (Potenz) zu heilen, die
beim Gesunden Symptome hervor-
ruft, die dem vorliegenden Krank-
heitsbild möglichst ähnlich sind.

war, hervorgerufen durch Isolation, Mangel an geistigem Austausch und an liebevoller Zuwendung, Krisen, gegen die die
konventionellen therapeutischen Verfahren wirkungslos waren, weil man sich um psychosomatische Zusammenhänge
nicht kümmerte. Kritik trifft die Ärzte, die sich keine Mühe
gaben, tiefer in den Patienten hineinzuleuchten, seine Lebensbedingungen in die Behandlung miteinzubeziehen, und statt
dessen nur Oberflächensymptome behandelten.

Die Zeit selbst war es, die die Menschen krank machte, insbesondere die empfindsamen, die das reaktionäre Klima nach
1815 nur schwer ertrugen. Die oft erwähnte Atemnot der Droste ist ein verräterisches körperliches Signal der Stickluft der
Restaurationsphase, in der alle Wege zum andern und zu sich
selbst abgeschnitten schienen. Die Reisen wurden zu Flucht-
versuchen, verzweifelte Unternehmungen, aus der Welt, in die
man sich hineingezwängt sah, auszubrechen.

Auf den ersten Blick mag es daher verwundern, daß sich
Annette dem Vorschlag ihrer Schwester, sich einer Reise nach
Mannheim anzuschließen, ziemlich unfreundlich und brüsk wi-
dersetzte. Mannheim, ihr persönlich unbekannt, erschien ihr als
»ein kleines Nest« mit einer beschränkten Gesellschaft und
einem unbedeutenden Theater, wo »die Ausdünstungen des
Rheins sehr schädlich für die Brust« sind. Die an sich unver-
ständlichen, auch wenig begründeten Ausfälle richteten sich
indes wohl weniger gegen das geplante Reiseziel als gegen den
Umstand, daß es eine Reise mit den Bökendorfern werden soll-

te, mit den Menschen, die mit-
verantwortlich waren für die
persönliche Misere. Wenn das
Reisen das eigene Wohlbefin-
den steigern sollte, dann mußte es herausführen aus dem

45 Der Homöopath Clemens Maria
von Bönninghausen (1785–1864).
Lithographie von F. Simon

Kreis, der die Selbstentfaltung fortwährend verhinderte. Nur jenseits der familiären Enge schien freies Atmen möglich.

»Kurz statt Mannheim würde ich weit eher Köln oder Bonn wählen«, ein Entschluß, der nicht überrascht, da Annette sich an den genannten Orten bisher am wohlsten und freiesten gefühlt hatte. In der Vehemenz, mit der sie den Vorschlag der Schwester ablehnte, spiegeln sich die Abneigung dem Haxthauser Clan gegenüber und zugleich das trotzige Aufbäumen gegen jede weitere Vereinnahmung. Annette begann, gezielt um die Enklaven des verbliebenen persönlichen Glücks zu kämpfen. Allerdings schien es ihr geboten, die wahren Gründe ihrer Abneigung zu verschweigen und stattdessen vorgeschobene Argumente gegen das Reiseziel anzuführen.

Reisepläne aber hatte sie durchaus. Wenn irgendwie möglich, sollte es sie wieder an den Rhein führen, dorthin, wo sie Freundinnen gewonnen hatte und sie hoffen durfte, besser verstanden zu werden. »Sollte es, möglicherweise, zu dieser Reise kommen, so glaube ich, wäre es am besten für mich, ganz auf eigne Kosten … zu leben … ich wäre doch auch ein bißchen independent.«

In den Briefen der Droste liegen ihr persönliches Unglück, aber auch ihre geheimsten Wünsche offen. Stets mußte sie ihr bißchen Freiheit den von außen über sie verhängten Bedingungen abtrotzen, und sie tat es in zunehmendem Maße. Längst hatte sie die Illusion aufgegeben, ihre engste Familie würde sie aufbauen und ihr Mut zu sich selbst machen. Statt dessen hatte man sie wie ein lästiges Requisit im Rüschhaus abgestellt und kümmerte sich wenig um sie. In dem Maße, wie Annette begriff, daß sie auf sich allein gestellt war, entwuchs sie den drückenden Verhältnissen und wurde in einem schmerzlichen Lernprozeß erwachsen.

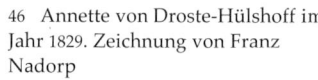

46 Annette von Droste-Hülshoff im Jahr 1829. Zeichnung von Franz Nadorp

Begegnungen

Im Herbst 1830 entschloß sich Annette, noch einmal an den Rhein zu fahren. Gastfreundlich, im Gefühl gegenseitiger Sympathie, nahmen sie ihr Vetter Clemens von Droste und dessen Frau Pauline in Bonn auf. »Pauline und Clemens sind sehr gut gegen mich. Ich habe ein paar Zimmer in einem Nebengebäude.« Wieder schienen Atmosphäre und Klima ihre heilende Wirkung nicht zu verfehlen. »Jetzt ist alles wieder besser, und ich fühle auch weniger Beklemmung in der Brust, als wie ich noch in Münster war!« Leichtigkeit und Lebensfreude kehrten in dem Maße zurück, wie sie Abstand gewann von den beklemmenden Umständen zu Hause.

Annette abonnierte sich bei der Leihbibliothek und beim Friseur. »Ich habe mich bei einem Friseur abonniert, und so würdest Du das Vergnügen haben, mich täglich à la derniere mode aufgetakelt zu sehn.« Plötzlich gewannen all die kleinen, aber zufriedenstellenden Eitelkeiten wieder an Bedeutung, von denen sonst kaum die Rede war. Von einem Hut, von Kleidern und Tüllschleiern schreibt sie an die Mutter und versäumt bei allem Wohlgefühl doch nicht, ihr zu versichern, daß sie natürlich am liebsten im Rüschhaus mit den Ihren zusammen wäre. Eine Wendung, wie sie wußte, die man von ihr als gehorsamer Tochter erwartete, die sie aber dennoch nicht daran hinderte, den zunächst so wohltuenden Aufenthalt am Rhein selbst noch über den Winter hinaus auszudehnen.

Das Verhältnis zu Sybilla Mertens-Schaaffhausen scheint schon damals etwas abgekühlt zu sein. Allzusehr beanspruch-

Sybilla Mertens-Schaaffhausen, geboren 1797 in Köln, Tochter eines Senators und Bankdirektors, Frau des Kaufmanns Ludwig Mertens, gestorben 1857

47 Ansicht von Bonn in den sechziger Jahren des 19. Jahrhunderts. Farblithographie von F. Foltz

te die verwöhnte, reiche Frau die andere für sich, ohne Entsprechendes zurückzugeben. »Ich bin nur erst dieses einzige Mal in Plittersdorf gewesen und gehe wohl auch nicht wieder hin.« Doch es sollte anders kommen und Annettes Aufenthalt in Bonn nicht unwesentlich belasten.

Schon Anfang des neuen Jahres 1831 teilt Annette der Mutter mit, daß sie in Plittersdorf dringend gebraucht werde, »um die Mertens zu pflegen, die sich … durch einen Stoß sehr am Kopfe verletzt hatte«. Tag und Nacht rieb sich Annette in der Pflege auf, übernahm die gesamte Haushaltsführung und sah nach den Kindern. »Ich habe viel Last gehabt, so viel wie in meinem Leben noch nicht.« Als Frau dazu erzogen, Fürsorge zu leisten und zu dienen, vermochte sie sich nicht zu entzie-

68

Rückblick Annette von Droste-Hülshoffs auf die harte Zeit im Plittersdorfer Auerhof
Wie hab' ich doch so manche Sommernacht,
Du düst'rer Saal, in deinem Raum verwacht!
Und du, Balkon, auf dich bin ich getreten,
Um leise für ein teures Haupt zu beten.

hen, obwohl es offensichtlich war, daß »die Mertens«, wie sie in dem Brief nicht gerade freundschaftlich genannt wird, sie ausnutzte. Müde »wie ein Postpferd«, war sie kaum in der Lage, das reiche Kulturangebot zu nutzen. Sie versäumte attraktive Konzerte und die Inszenierungen des ›Faust‹ und der erst kurz vorher uraufgeführten Opern ›Die Stumme von Portici‹ (1828) und ›Fra Diavolo‹ (1830) von Daniel François Esprit Auber.

Da sie praktisch dem Mertenschen Haushalt vorstand und daher stets standesgemäß gekleidet sein mußte, strapazierte sie ihre beste Garderobe übermäßig. »Meinen schwarzen Überrock hatte ich anfangs auch noch gut geschont, aber während den 6 Wochen, daß ich bei der Mertens war, hat er Tag und Nacht herhalten müssen; nun ist der beste Trost darab.«

Der Aufenthalt in Bonn und Plittersdorf brachte Annette alles in allem keineswegs die erhoffte Entspannung und Erholung. Fast angegriffener, als sie gekommen war, fühlte sie sich, als das Frühjahr herannahte und sie entgegen ihren Absichten immer noch am Rhein war, wo sie kaum Muße gefunden hatte, an ihren eigenen Sachen zu arbeiten. ›Das Hospiz‹ war noch weit von der Vollendung entfernt und neue Pläne ließen sich erst gar nicht angehen.

Der eigentliche Gewinn der Rheinreise war die Bekanntschaft mit Adele Schopenhauer, der Schwester des Philosophen Arthur Schopenhauer, die zusammen mit ihrer Mutter Johanna, eine ihrerzeit gern gelesenen Reiseschriftstellerin (›Reise durch England und Schottland‹, 1818) und Autorin von Frauenromanen (›Gabriele‹, 1819), von Weimar an den Rhein übergesiedelt war und bald darauf in Unkel ein Haus der Familie Mertens bezog.

Die Schopenhauers hatten zwanzig Jahre in Weimar gelebt und mit Goethe in Kontakt gestanden. Johanna war die Patin

Wenn hinter mir aus des Gemaches Tiefen
Wie Hülfewimmern bange Seufzer riefen,
Die Odemzüge aus geliebtem Mund;
Ja, bitter weint' ich – o Erinnerung!–
Doch trug ich mutig es, denn ich war jung,
War jung noch und gesund.

Nach fünfzehn Jahren, 1842

von Goethes Enkel Wolf. Goethe, der Adele wegen ihres ausgeprägten Sinns für die Poesie und alles Schöne schätzte, regte vor allem ihre Ausbildung als Vortragskünstlerin an. Auch am Rhein riß die Verbindung zwischen Goethe, dessen Schwiegertochter Ottilie und Adele nicht ab, die anschaulich und lebhaft von dem geistigen Leben in Weimar zu erzählen wußte und aus erster Hand mit den Inhalten und Zielen der klassischen Literatur bekanntmachte. An der Freundschaft, die sich zwischen Adele und Sybilla spontan entwickelt hatte, nahm auch Annette teil, allerdings distanzierter, ohne das vertrauliche Du. Adele wurde für sie eine geschätzte Kritikerin. Ihrem Urteil vertraute sie sich an und versuchte, es in ihren Arbeiten konstruktiv umzusetzen.

Sieht man einmal ab von dem Besuch Adele Schopenhauers im Rüschhaus im Sommer 1840, so beschränkte sich der allerdings literarisch höchst intensive und ergiebige Kontakt auf die bis ins Jahr 1842 reichende Korrespondenz. Adele erkann-

te in einfühlsamer Weise, daß in Annette eine bedeutende Dichterin heranreifte, die aber noch, ihrer Begabung kaum selbst bewußt, ganz am Anfang ihrer dichterischen Entfaltung stand. »Sie sind gar nicht in der Welt, erst eben in der Provinz, fast sagte ich, in Ihrer Familie aufgetreten, und wie reift alles an dem kaum geborenen, wie ein Schmetterling noch mit feuchtem unversuchten Flügel sich still entfaltenden

70

48 Adele Schopenhauer (1797–1849), Schwester des Philosophen Arthur, lebte mit ihrer Mutter Johanna Schopenhauer (1766–1838) von 1829 bis 1837 in Bonn. Adele Schopenhauer schreibt 1834 an Annette: »Ihr Genius entfaltet seinen Flug in einem Augenblicke, wo sonst jedes Weib eine schmerzliche Leere empfindet.« Gemälde von Karoline Bardua

Talent.« Niemand hat in dieser Zeit Annette mehr Mut zu ihrem Dichtertum gemacht, und niemand hat deutlicher geahnt, welche Ausdruckskraft in dieser jungen Frau aus dem ländlichen Westfalen verborgen war.

Adele war es auch, die das Erzähltalent der Droste und ihre Vorliebe für die volkstümliche Überlieferung zu würdigen verstand. »Schwester Scheherazade,« redet sie sie einmal in einem Brief an. Als sie sich sehr unwohl fühlte: »Wenn Ihr nicht mehr schlaft, so erzählt mir bitte,

49 Annette von Droste-Hülshoff, gezeichnet von Adele Schopenhauer, die sich 1840 im Rüschhaus aufhielt

bitte eines jener hübschen Märchen, die Ihr wißt. Das heißt, ich hatte Kopfweh und habe sie noch, und wenn Sie sehr gütig, sehr freundlich sein wollen, so kämen Sie ... diesen Abend einige Stunden und vertrieben mir die böse krankschwere Zeit.« Immer wieder wird berichtet von Annettes besonderer Begabung, Märchen und unheimliche Geschichten anschaulich und fesselnd darzubieten. Sowohl die Kinder von Sybilla Mertens als auch die Landkinder, die sich unten im Rüschhaus versammelten und denen Annette oben aus der Luke ihres »Schneckenhäuschens« von wunderbaren und schaurigen Dingen und Ereignissen erzählte, kamen in den Genuß des ungewöhnlichen Talents.

Allein wegen der Begegnung mit Adele Schopenhauer hatte sich die Reise an den Rhein gelohnt und Annette auf dem Weg zur literarischen Selbstentfaltung einen wichtigen Schritt

In seinem Hauptwerk ›Die Welt als Wille und Vorstellung‹ (1819–1844) erklärt Arthur Schopenhauer das Leiden allen Lebens aus dem rastlosen, niemals zum Ziel gelangenden Willen. Aus dem Leiden gibt es keine andere Rettung, als den Willen zum Leben zu verneinen.

vorangebracht. Das Verhältnis zu Sybilla Mertens-Schaaffhausen allerdings erfuhr in dieser Zeit seine ersten deutlichen Einbrüche. Irreparabel zerstört wurde es trotz einiger Wiederbelebungsversuche durch den unachtsamen Umgang mit der Reinschrift der beiden Epen ›Das Hospiz auf dem Großen St. Bernhard‹ und ›Des Arztes Vermächtnis‹, die ihr Annette 1834 zugeschickt hatte, um sie mit Adele Schopenhauer und d'Alton kritisch durchzusehen und einen Verlag für die Werke ausfindig zu machen. Doch sowohl das Manuskript als auch die erbetenen Stellungnahmen blieben in der Folgezeit unauffindbar. Am 13. Mai 1842 notiert Sybilla Mertens in ihr Tagebuch: »Und so ging ein inniges Verhältnis fast auseinander, weil ich die allerliebsten Verse meiner Freundin weniger geeignet fand für den Druck und die Öffentlichkeit als für die Schreibtafel und das Ohr eines befreundeten Kreises.«

Um die Mitte des Jahres 1831 kehrte Annette ins Rüschhaus zurück, wo ihr kurz darauf der damals sechzehnjährige Levin Schücking begegnete, der wie kein anderer Mann Bedeutung in ihrem Leben gewinnen sollte. Zunächst allerdings verlief die Begegnung höflich, ohne eine erkennbare, eingehendere Anteilnahme, zumindest von der Seite Annettes. Levin Schücking war der Sohn von Katharina Busch, einer westfälischen Dichterin, die Annette durch Sprickmann bekannt war. Katharina Busch hatte bereits 1813 Hülshoff besucht und war nach ihrer Heirat mit Paul Schücking nach Meppen

72

50 Levin Schücking, geboren 1814 in Meppen, Sohn der westfälischen Dichterin Katharina Busch, mit 16 Jahren Gymnasiast in Münster, nach dem Abitur 1833 in Osnabrück Studium der Rechte in München, Heidelberg und Göttingen, ab 1837 freier Schriftsteller in Münster. Hauptautor des ›Malerischen und romantischen Westfalens‹ (1840), vielseitiger Erzähler, Redakteur, fruchtbarer literarischer Anreger der Droste, gestorben am 31. August 1883 in Bad Pyrmont. Zeichnung von Ph. Schilgen, 1830

verzogen, wo die Familie eine Dienstwohnung im Schloß Clemenswerth bezog. Da die Mutter wünschte, daß ihr Sohn ein
Gymnasium in Münster besuchen sollte, gab sie ihm ein Emp-
fehlungsschreiben an Annette mit, sich um den angehenden
Gymnasiasten zu kümmern.

Doch erst der Tod Katharina Schückings im November 1831
führte Annette dazu, die ihr angetragene Aufgabe wirklich
ernst zu nehmen. Bis zu diesem Zeitpunkt hatte sie Levin
nicht wiedergesehen, und auch in den Jahren danach kam es
zu keinen persönlichen Kontakten. Erst 1838 begegneten sich
Annette und der inzwischen dreiundzwanzigjährige Levin erneut. Es sollte der Anfang einer äußerst ergiebigen literarischen Verbindung werden.

Von Levin Schücking stammt ein recht anschauliches Portrait Annettes, so wie er sie damals im Sommer 1831 in Gesellschaft mit ihrer Mutter und der Schwester Jenny im Rüschhaus gesehen hat: »Ihr Äußeres machte einen eigentümlichen
Eindruck. Diese wie ganz durchgeistigte, leicht dahinschwe-
bende bis zur Unkörperlichkeit zarte Gestalt hatte etwas Fremd-
artiges, Elfenhaftes; sie war fast ein Gebilde aus einem Märchen. Die auffallend breite, hohe und ausgebildete Stirn war
umgeben mit einer ungewöhnlich reichen Fülle hellblonden
Haares, das zu einer hohen Krone aufgewunden auf dem
Scheitel befestigt war. Die Nase war lang, fein und scharf ge-
schnitten. Auffallend schön war der zierliche, kleine Mund mit
den beim Sprechen von Anmut umlagerten Lippen und feinen
Perlenzähnen. Der ganze Kopf aber war zumeist etwas vorgebeugt, als ob es der zarten Gestalt schwer werde, ihn zu tragen; oder wegen der Gewohnheit, ihr kurzsichtiges Auge ganz
dicht auf die Gegenstände zu senken.«

Eingegangen sind in dieses Portrait sicherlich nicht nur die
Eindrücke der Erstbegegnung, sondern Schückings Sichtweise

Nimm, teures Kind, an deinem Lebens-
   feste,
	Sie kann nicht länger sorgend dich
	   umschirmen,

Daß in der Jugend zartem Rosenlicht	Nicht länger schützet dich das Vaterhaus;

Die noch erglänzt, der holden Gaben
   beste,
	Den Kampf zu wagen mit des Lebens
	   Stürmen,

Den Kranz, den dir die Mutterliebe flicht.	Mußt du in eine neue Welt hinaus.
	K. Schücking, Meinem Sohne Levin zu sei- nem fünfzehnten Geburtstage, 1829

der Droste überhaupt, wie sie sich in vielen Jahren herausgebildet hatte. Unverkennbar aber ist eine gewisse Bewunderung, ein Reiz, der auf ihn von der außergewöhnlichen Frau von Anfang an ausgegangen ist, wobei das Feingeistige und Sensible in der Darstellung bei weitem überwiegt.

Annette war damals mit der Vollendung ihrer beiden großen Versepen beschäftigt. Die konzentrierte Arbeit ließ ihr kaum Zeit für weitere Ablenkungen und Bekanntschaften, wenn sie es insgeheim auch bedauerte, daß sie im Grunde mit niemandem über ihre literarischen Probleme sprechen konnte.

In diesem Zusammenhang muß die Begegnung mit dem etwas jüngeren, seit seiner Jugend erblindeten Münsteraner Philosophieprofessor Christoph Bernhard Schlüter im Frühjahr 1834 als eine persönliche Bereicherung gesehen werden, die Annette in der Tat auch so verstanden und genutzt hat. Schlüters umfassende Kenntnis der Weltliteratur, sein klares, gefestigtes Urteil waren für Annette Anregung und Herausforderung zugleich. Neben den Gesprächen im Rüschhaus und in Schlüters Wohnung in Münster an der Lambertikirche, wo er

mit seiner Schwester Therese lebte, entwickelte sich rasch ein reger Briefverkehr.

Annette hat den Dialog mit großer Freude aufgenommen und gepflegt, bedeutete er ihr doch persönliche Ansprache und Abwechslung in der Abgeschiedenheit ihres Landsitzes. Allerdings hat sie sich ihrem »Professorchen«, wie sie Schlüter mitunter liebe-, aber nicht sehr respektvoll nannte,

74

51 Christoph Bernhard Schlüter (1801–1884), Philosophieprofessor in Münster. Unsigniert, um 1885. Studium der Philosophie und Philologie in Göttingen und Münster, Habilitation 1827, Laientheologe von universaler Bildung, Universitätslehrer in Münster, als Achtjähriger durch Spielen mit ungelöschtem Kalk erblindet, Übersetzer Dantes, Petrarcas, Calderóns und Shakespeares, Herausgeber der geistlichen Lyrik der Droste und Luise Hensels

schon bald intellektuell überlegen gefühlt. Seine literarischen Vorstellungen und Kunsturteile nahm sie zwar mit der gebotenen Höflichkeit entgegen, sonderlich ernst genommen aber hat sie ihn wohl nicht. Für Schlüter war der Umgang mit Annette durchaus anstrengend, da sie beharrlich und eloquent ihre Standpunkte verfocht und dem anderen ein Äußerstes an Konzentration abforderte. Insbesondere mit Annettes offen vorgetragenen Glaubenszweifeln dürfte der naiv gläubige Katholik nur schwer zurechtgekommen sein. Trotzdem war er ein geduldiger Zuhörer und zeigte sich unermüdlich interessiert an allem, was Annette geistig bewegte. In ihm hatte sie endlich den Menschen gefunden, mit dem sie offen über ihre Probleme sprechen konnte.

Darüber hinaus vermittelte Schlüter die Bekanntschaft mit anderen interessanten Persönlichkeiten. Herauszuheben ist vor allem der 1811 in Münster geborene Wilhelm Junkmann, der Philologie und Geschichte studierte und den demokratischen Bewegungen der Zeit zuneigte. Im Jahr 1836 klagte man ihn der Demagogie an und verurteilte ihn zu sechs Jahren Festungshaft. Nach wenigen Monaten begnadigt, wandte er sich der Geschichtswissenschaft zu und erlangte nach seiner Abgeordnetentätigkeit in der Frankfurter Paulskirche eine Professur in Breslau.

1836 trat er als Verfasser der ›Elegischen Gedichte‹ hervor. Mit Schlüter verbanden ihn nach der Heirat mit dessen Schwester Therese auch familiäre Beziehungen. Die Droste schätzte den begeisterten, unerschrockenen Idealisten sehr. »Wenn Sie Junkmann schreiben«, so trägt sie Schlüter auf, »grüßen Sie ihn herzlich von mir, ich denke oft an ihn und bin sehr begierig, welchen Weg sein schönes Talent ferner nehmen wird.« Noch 1841 schreibt sie das Widmungsgedicht ›Gruß an Wilhelm Junkmann‹.

Und wie er sitzt, so vorgebeugt,
Die hohe Stirn vom Schein umflossen,
Das Ohr, wie fremden Tönen neigt,
Und lächelt geistigen Genossen,
Ein lichter Blitz in seinem Aug',
Wie ein verirrter Strahl aus Eden. –
Da möcht' ich leise, leise auch
Als Äolsharfe zu ihm reden.   *Gruß an Wilhelm Junkmann, 1841*

52 Wilhlem Junkmann (1811–1886), Mitarbeiter
Schlüters, später sein Schwager

Trotz Junkmanns fortschritt-
licher Gesinnungen, die den
eigenen politisch eher konservativen Einstellungen kaum
entsprochen haben dürften,
hielt die Droste einiges auf
ihn. Wichtig für ihr Urteil
waren wohl die aufrichtige
Begeisterung des jungen Mannes und dessen literarisches Talent. Nicht die Gesinnung war für
sie entscheidend, sondern das geistige Profil.

Überhaupt war die Phase zwischen 1829 und 1834 und
noch darüber hinaus reich an anregenden, bedeutungsvollen
Begegnungen. Das Jahr 1834 sollte nach den Bekanntschaften
mit Schlüter und Junkmann noch eine andere Persönlichkeit
in den Lebenskreis der Droste hineinführen, verbunden allerdings mit einer als schmerzlich empfundenen Trennung.
Schon im Jahre 1814 hatte Werner von Haxthausen in Wien
im Rahmen des Wiener Kongresses den 1770 in Donaueschingen geborenen Freiherrn Joseph von Laßberg aus altem
österreichischem Adel kennengelernt. Im Herbst 1831 erneuerte er die Bekanntschaft, indem er mit seiner Familie bei der
Rückkehr aus Italien Laßberg einen Besuch auf dessen
Schloß Eppishausen im Schweizer Kanton Thurgau abstat-
tete.

Aus Westfalen kam ihm Jenny von Droste-Hülshoff entgegen. Im täglichen Umgang miteinander und bei gemeinschaft-

Still ist und lautlos der Hof, beschattet von Eichen und Linden,
Bunt in der Kühle gestreckt liegen die Kühe in Ruh',
Während der mächtige Wall voll strüppiger Eichen und Nußholz
Heget das Feld und den Wald, hemmt den schweifenden Blick,

lichen Ausflügen, die sie bis an den Vierwaldstättersee führten, kamen sich Jenny und der seit 1813 verwitwete Laßberg näher. Sein Wunsch, die damals sechsunddreißigjährige Jenny zu heiraten, stieß zunächst bei der Mutter auf wenig Gegenliebe, da sie den immerhin über sechzigjährigen Bräutigam für zu alt hielt und sich von ihrer Tochter nur ungern so weit trennte. Schließlich kam es dann aber im Oktober 1834 doch zu der sowohl von Jenny als auch von Laßberg gewünschten Verbindung. Im Herbst lernte Annette, die die Trennung von Jenny nur schwer verwand, den offiziell um die Schwester werbenden Freiherrn im Rüschhaus kennen.

Laßberg hatte sich damals längst den Ruf eines ausgezeichneten Kenners und Sammlers altdeutscher Literatur erworben. Große Beachtung hatte seine Edition des vierbändigen Werks ›Der Liedersaal‹ (1820–1825) gefunden, der unter anderem auch einen Abdruck der in Laßbergs Besitz befindlichen Donaueschinger Handschrift des ›Nibelungenliedes‹ enthielt, der stark höfisierten sogenannten Fassung C vom Anfang des 13. Jahrhunderts.

Annette hat ihren Schwager, der bis heute als einer der ersten bedeutenden Germanisten gilt, zweifellos sehr geschätzt. Doch mußte sie schon bald erfahren, daß er ihren eigenen literarischen Versuchen bei allem freundlichen Wohlwollen verständnislos gegenüberstand. Allzu sehr war er eingesponnen in die altdeutsche Literaturwelt mit ihren ritterlich höfischen Stilisierungen, als daß er die vergleichsweise modernen, aus dem individuellen Krisenbewußtsein erwachsenen Dichtungen seiner Schwägerin auch nur ansatzweise hätte begreifen können. Insofern sah sich auch Laßberg, nachdem ihm Annette noch Ende Oktober 1834 Auszüge aus dem ›Hospiz‹ und ›Des Arztes Vermächtnis‹ geschickt hatte, ähnlich wie Sybilla Mertens außerstande, die Drucklegung zu fördern und einen

Ganz ungesehn im Grunde hinrinnet und murmelt das Bächlein,
Und der wachsame Hund gibt dir vom Hof das Geleit.
»Geh' nicht hinaus in die Welt, in die Weite!« so bitten sie alle,
»Bleibe bei uns und bei dir, heiter und sinnend allein.«
Wilhelm Junkmann: An eine Münsterländerin am Bodensee

Verleger zu vermitteln. Im stillen hatte Annette gehofft, er würde ihr über den Kontakt mit Gustav Schwab den Zugang zum Cotta-Verlag eröffnen.

Beide Versepen gehören der mittleren Schaffensphase der Droste an, beide kreisen um die existentielle Problematik des Menschen, gespannt zwischen der Hoffnung auf Erlösung und der Angst, in der Welt verlorenzugehen. Das Versepos ›Das Hospiz auf dem Großen St. Bernhard‹ erzählt die Geschichte des alten Senners Benoit, der am Abend in der Paßregion mit seinem Enkel Zuflucht in einer Totengruft findet. Doch die Strapazen und das Grauen des Orts sind zuviel für den alten Mann. Er stirbt, während sein Enkel von dem Bernhardinerhund Barry gerettet und zum Hospiz gebracht wird.

Im zweiten Gesang bergen die Mönche unter großen Gefahren die Leiche Benoits. Den dritten Gesang, der eine glückliche Wendung gestaltet, indem Benoit aus seinem todesähnlichen Schlaf erwacht, hat die Droste später verworfen. Die unbarmherzige Natur des Hochgebirges und die samaritanische Welt des Hospizes stehen sich schroff gegenüber. Im Raum, der sich zur Totengruft verengt, spiegeln sich existentielle wie gesellschaftliche Kernerfahrungen: die real erlittene Verengung wie das ausweglose Todesbewußtsein. Aus dieser Sackgasse scheint allein die im Hospiz Gestalt gewordene Erlösungskraft des Glaubens herausführen zu können. Am Ende aller Hoffnungen

53 Joseph Freiherr von Laßberg (1770–1855). Der 1770 in Donaueschingen geborene Germanist, Erforscher und Herausgeber altdeutscher Literaturdenkmäler (›Nibelungenlied‹) starb 1855 auf Schloß Meersburg. Seine Sammlungen befinden sich heute in der Fürstenbergischen Bibliothek in Donaueschingen.

nimmt der Mensch Zuflucht zu den Verheißungen seiner Religion.

Doch bereits in dem etwas später entstandenen Epos ›Des Arztes Vermächtnis‹ scheinen die Hoffnungen relativiert. Ein Arzt wird mitten in der Nacht zu einem Sterbenden gerufen. Über steile Pfade, ständig vom Absturz bedroht, führt man

54 Eine Seite aus der Hohenems-Laßbergschen Handschrift des ›Nibelungenliedes‹ vom Anfang des 13. Jahrhunderts. Es ist die älteste erhaltene Handschrift dieses Textes.

ihn in eine Räuberhöhle, wo ein tödlich Verwundeter auf dem Boden liegt. Wie in einem Fiebertraum erlebt der Arzt die beispielhafte Szene mit dem in einer heillosen Welt katastrophal gefährdeten Menschen im Mittelpunkt. Ein Leben lang steht die Schock-Konfrontation mit einem hoffnungslosen Ende quälend vor seinem inneren Auge. In einer Fortsetzung aus dem Nachlaß legt die Droste dem sterbenden Arzt die an die Hinterbliebenen gerichteten Worte in den Mund:

> Die letzte Stund ist schwerer, als ihr denkt.
> O betet, betet, Kinder! Hin ist hin!
> Und meine Kraft ist hin! 's ist schrecklich! Ewig!

In äußerster Radikalität spricht der Arzt sein Vermächtnis aus. Das Grauen der Todesstunde vermögen kein Glaube und keine Hoffnung hinwegzunehmen. Der Weg führt ins Dunkle. Ewig scheint der Schrecken, endgültig der Tod.

In den Epen ihrer mittleren Schaffensphase gibt sich die Droste als unbestechliche Realistin zu erkennen. Ernüchtert verabschiedet sie den idealistischen Glauben an die Vollendung des Menschen wie die Unendlichkeitsträume der Romantiker und weist in nachromantischer Zeit, unzeitgemäß und unverstanden, weit voraus in eine desillusionierte, entgötterte Zukunft.

Aufbruch in die Schweiz
und Heimkehr nach Westfalen

»Uns ist es noch was einsam, das kannst' Du denken, aber das viele Reden und Schreiben drüber nützt zu nichts.« Annettes Brief an die Schwester, unmittelbar nachdem Jenny mit ihrem Mann nach Eppishausen aufgebrochen war, verrät ihren heftigen Trennungsschmerz angesichts der nun noch größer gewordenen Einsamkeit. Schon aber trug sie sich mit dem Gedanken, zusammen mit ihrer Mutter die Schwester in der Schweiz zu besuchen, ein Plan, der im Hochsommer 1835 zur Ausführung kam. Über Bonn reiste Annette zu den Laßbergs, bei denen sie im September eintraf.

Aufmerksam und detailliert nimmt sie die ihr fremde Szenerie wahr: »Also, das Dorf gerade unter dem Fenster, fast unmittelbar daran stoßend ein zweites, dann ein drittes, viertes, bis zu einem siebenten, alle so nah, daß ich die Häuser zählte … und unsere gute, alte Burg drin wie das kleine Wien in seinen großen Vorstädten.«

55 Schloß Eppishausen, im Vordergrund Joseph von Laßberg. Zeichnung von Jenny von Laßberg

56   Blick vom Säntis nach Westen

Begeistert ist sie vor allem von der Natur, den herrlichen Wäldern mit ihren alten Bäumen, den »Vögeln von allen Farben und Zungen« und der Menge lebendiger Quellen. Gewaltig ist der Eindruck, den die Alpen auf sie machen, der Säntis und das Tiroler Gebirge, eine Landschaft, die sie bisher nur aus den Schilderungen im Hause der Thielmanns kannte und die die Kulisse zu ihrem ›Hospiz‹ bildet.

Aber die Szenerie hat auch ihre düsteren, unheimlichen Aspekte. In einem Brief an Schlüter gelingt Annette eine großartige Landschaftsschilderung, die sich mit Georg Büchners Einleitung zu seiner Erzählung ›Lenz‹ durchaus messen kann:

O du mein ernst gewalt'ger Greis,
Mein Säntis mit der Locke weiß!
In Felsenblöcke eingemauert,
Von Schneegestöber überschauert,
In Eisespanzer eingeschnürt:
Hu! wie dich schaudert, wie dich friert!

Aus: Der Säntis, 1835/36

»Den Tag hindurch ist noch Leben im Tal, aber wenn es dämmert, wenn die Tiefe um eins so tief, die Höhe um eins so hoch
wird, der Fichtenwald dasteht wie die eigentliche Finsternis
und nur die weißen, kalten Massen droben wie Gespenster
herableuchten, glauben Sie mir, Schlüter, das flache Land bietet keinen Begriff für die Einsamkeit solcher Augenblicke –
öde und gewaltig – der Tod in seiner großartigsten Gestalt.«

In der Verbindung von genauer Schilderung und symbolischer Durchdringung entsteht ein realistisches Landschaftsportrait, das die Droste einmal mehr als begabte Prosaistin ausweist. Gerade die Schweizer Briefe an Schlüter bewegen sich auf
beachtlichem literarischen Niveau, fügen sich, zumindest in
Ausschnitten, zu reizvollen dichterischen Miniaturen. Auf dem
Gut des Grafen Thurn erlebte Annette ihr erstes Alpenglühen.
Wie so oft steht sie am Fenster, genau beobachtend und registrierend, nicht wie die Romantiker in die Ferne schweifend,
sondern das Nahe und Nächste wahrnehmend: »Ich sah nach
den Bergen, die recht hell glänzten, aber weiß wie gewöhnlich,
als wenn die Sonne sonst auf den Schnee scheint – hatte kein
Arg aus einer allmählich lebhafteren, gelblichen, dann rötlichen Färbung, bis sie mit einem Male anfing sich zu steigern,
rosenrot, dunkelrot, blaurot, immer schneller, immer tiefer.«

Aber der Aufenthalt hatte bei all der Fülle neuer Eindrücke
und der Zuvorkommenheit des Gastgebers für Annette auch
seine deutlichen Schattenseiten. Vor allem hingen sie mit Laßbergs Lebens- und Denkungsweise zusammen. »Hier im Hause gibt's ganze Ladungen von Minneliedern, … Mein Schwager lebt in nichts anderm, und erst jetzt wird mir die seltsame
Orthographie seiner Briefe klar. Er hat sich in der Tat im
schriftlichen Stile unsrer heutigen Redeformen teilweise entwöhnt, ich glaube unwillkürlich, und man trifft überall auf
Spuren des Nibelungenliedes, des Lohengrin.«

83

57 Das Hospiz auf dem Großen
Sankt Bernhard

Im Grunde hat sie nichts gegen Laßberg, aber seine Einseitigkeiten, seine lästige Gewohnheit, abends aus altdeutschen Dichtungen vorzulesen und alle anderen Unterhaltungen zu blockieren, nervten sie offensichtlich. »Kurz, ihm fehlt nichts, sondern er hat nur etwas zuviel, nämlich zuviel Manuskripte und Inkunabeln, und zuviel Lust sie vorzulesen.«

Annette hat sich in Eppishausen zu Tode gelangweilt, zumal es ihrer Schwester, die schwanger war, nicht sehr gut ging und insofern der vertraute Rüschhauser Umgang sich nicht ohne weiteres erneuern ließ. Spöttisch zeichnet sie die »Altertümler«, die den Schwager besuchen, um in dessen »muffigen Manuskripten zu wühlen«. Sie alle sind für sie »langweilig wie der bittre Tod, schimmlig, rostig, prosaisch wie eine Pferdebürste; verhärtete Verächter aller neueren Kunst und Literatur«. Treffender kann man die Philologen alten Schlags nicht portraitieren.

Für Annette war dieser Umstand um so bedauerlicher und fruchtloser, als sie auch hier niemanden fand, mit dem sie über ihre eigenen Dichtungen hätte reden können. Vielmehr schien unter der Überfülle altdeutschen Schrifttums modernes Dichten zu ersticken und zu verkümmern. »Mir ist zuweilen«, schreibt sie an Schlüter, »als wandle ich zwischen trocknen

Bohnenhülsen und höre nichts als dieses Rappeln und Knistern um mich her ... Unaufhörlich wird das leere Stroh gedroschen.« Hinzu kamen weitere widrige Umstände. Der endlose, schneereiche Winter brachte viele Unannehmlichkeiten mit sich, so daß die Mutter den Eindruck

58 Die Zwillinge Hildegard und Hildegunde, Nichten der Dichterin, geboren 1836. Aquarell von Charlotte von Salm-Reifferscheidt, um 1840

»Es waren schöne glänzende Zeiten, wo Europa ein christliches Land war, wo eine Christenheit diesen menschlich gestalteten Weltteil bewohnte, ein großes gemeinschaftliches Interesse verband die entlegensten Provinzen dieses weiten geistlichen Reichs.

gewann – und diesen auch häufig äußerte –, sie sei in »Lappland«. Am 5. März 1836 erfolgte die Niederkunft Jennys. Stolz schreibt Laßberg an Ludwig Uhland: »Letzten Samstag, mein teurer Freund! abends 4 Uhr wurde … das erste Kind geboren, sage mit Worten zwei gesunde, lustige, rotharige und blauaugige Mädchen, welche vorgestern Hildegund und Hildegard getauft wurden.« Bei einer Ausfahrt Anfang Mai an den Bodensee verletzte sich Laßberg, als der Wagen umstürzte, so

59 Jenny von Laßberg, geborene von Droste-Hülshoff

sehr, daß er zwei Wochen in einem nahen Wirtshaus gepflegt werden mußte. Annette schreibt aus Eppishausen an die Schwester, die bei ihrem Mann geblieben war: »Deine Kinder wachsen sehr, die blaue ist schon bald ein großes Fräulein und Röthelchen macht sich auch hinterher.«

Während der Zeit in Eppishausen entstanden einige wenige Gedichte, unter ihnen der Zyklus ›Des alten Pfarrers Woche‹. Auffallend ist der liberale Ton des Gedichts. Weniger in der Ausübung seiner Amtspflichten wird der alte Pfarrer gezeigt als in der bewußten Gestaltung eines erfüllten Lebens, in dem auch die Liebhabereien und das Vergnügen nicht fehlen dürfen. Indem sie den Geistlichen in erster Linie als liebenswürdigen Menschen zeichnet, rückt die Droste deutlich ab von den Ansprüchen einer nur Gräben aufwerfenden Amtsautorität.

Ohne große weltliche Besitztümer lenkte und vereinigte ein Oberhaupt die großen politischen Kräfte. Eine zahlreiche Zunft, zu der jedermann Zutritt hatte, stand unmittelbar unter demselben und vollführte seine Winke und strebte mit Eifer seine wohltätige Macht zu befestigen.«
In seinem berühmten Aufsatz »Die Christenheit oder Europa« (1799)
verklärte Novalis das Mittelalter zur Epoche
einer großen geistig-geistlichen Synthese

Das vierteilige, dem Zyklus der Jahreszeiten folgende Gedicht auf den Säntis, ein über 2500 m hohes Massiv in den Appenzeller Alpen, setzt die sinnbildhafte, aus den Briefen bekannte Landschaftsschilderung fort. Der Berg erscheint selbst noch im Frühling als Greis, in »Felsblöcke eingemauert« und in »Eisespanzer eingeschnürt«, Verkörperung des natürlichen Daseins, das am Ende zur Leblosigkeit erstarrt.

In Eppishausen setzt die Balladendichtung der Droste mit dem dreiteiligen epischen Gedicht ›Der Graf von Thal‹ ein, in dem in Anknüpfung an den Parricida-Stoff von einem geplanten, aus Rache motivierten Verwandtenmord die Rede ist, den die Gräfin jedoch zu vereiteln weiß, indem sie, gegen ihren Eid zu schweigen, das Opfer warnt. Sie selbst aber stürzt sich beim Herannahen des wutschnaubenden Gatten zu Tode. In besonders greller Form treten der brutale Interessenegoismus und seine katastrophalen, Liebe und Humanität zerstörenden Konsequenzen hervor. Die Droste gestaltet die historische Ballade als Kritik an einer von männlicher Macht korrumpierten Geschichtswelt.

Im Oktober 1836 hielt es Annette nicht länger in Eppishausen. Ihre Erwartungen hatten sich nicht erfüllt. Das Land war ihr im Grunde fremd geblieben. Echte Zuwendung und Interesse an ihrer Person und an ihrer Arbeit hatte sie nicht erfahren. In einem Gedicht rechnet sie mit ihrem Schweizer Aufenthalt ab:

> So lebe denn auf lange wohl,
> Du ungeliebtes Land!
> Mit deiner Donner Widerhall,
> Mit deinem starren Felsenwall,
> Land, wo ich keine Nachtigall
> Und keine Liebe fand.

86

Laßberg hat seine Schwägerin persönlich durchaus geschätzt. Dankbar erwähnt er in einem Brief an Uhland im Sommer 1836 Annettes musikalische Bearbeitung einiger alter Lieder: »Da die beigefügten Weisen nur einfach die Singstimme enthalten, so hat meine Schwägerin Nette Droste zu jedem Liede einen Baß gesetzt, so daß sie sich nun sehr gut mit Klavierbegleitung spielen lassen.«

60   Münster, um 1792. Kolorierte Zeichnung auf dem Titelblatt der ›Icones Plantarum‹ von Franz Wernekinck, 1798

Den Winter 1836/37 verbrachte Annette bei ihrer verwitweten Kusine Pauline in Bonn. Ihre Besuche bei Sybilla Mertens brachten ihr die Gewißheit, daß die Reinschriften ihrer beiden Epen endgültig verloren waren. Auf dem Dampfschiff über Köln nach Wesel trat sie im Frühjahr 1837 bei deutlich sich verschlechterndem Gesundheitszustand die Heimreise nach Rüschhaus an. »Sobald ich aber Bonn im Rücken hatte, fing es an, mir schlechtzugehen. Ich kam mit allen Vorboten der Grippe in Köln an.« Unter mancherlei Beschwerden, grippekrank, erreichte sie im Februar 1837 Rüschhaus.

   Zurück in Westfalen, traten aber auch all die Ansprüche und Verpflichtungen wieder an Annette heran, die ihr im Grunde nur wenig Freiraum ließen für die eigenen Arbeiten, denen sie sich am liebsten ausschließlich gewidmet hätte. Eingespannt in einen von außen diktierten Tagesablauf, kam sie kaum zu sich selbst. »Ich arbeite jetzt nichts, gar nichts, so gern ich dran möchte; die Tage sind zu kurz und die wenigen Stunden zu besetzt, wenn ich des Morgens mich gekleidet, gefrühstückt und die Messe gehört habe, bleibt mir bis Mittag kaum

O hätten wir nur Mut zu walten,
Der Gaben die das Glück beschert!
Wer dürft' uns hindern? wer uns halten?
Wer kümmern uns den eignen Herd?
Wir leiden nach dem alten Rechte:
Daß wer sich selber macht zum Knechte,
Nicht ist der goldnen Freiheit wert.

Auch ein Beruf, 1845

Zeit genug zum Unterricht meiner kleinen Kusine; da wird Geschichte, Französisch und viel Musik getrieben, bis wir beide ganz verduselt zu Tische gehn. Nachmittags erst ein wenig spaziert, dann eine Stunde Klavier, eine Stunde Gesang nämlich, wieder Unterricht, und dann ist's Abend, wo ich mein Zimmer verlasse und bei meiner Mutter bleibe.«

Bei all dieser erwarteten Geschäftigkeit kam sich Annette vor wie ein »Ackerpferd«, das man vor den Pflug spannt und das willenlos seine Arbeit und seine Dienste zu verrichten hat. Im Grunde teilte sie das Schicksal mit all den unverheirateten adligen Hoftöchtern, die nicht in ein Damenstift eingetreten waren und denen man für die ihnen gewährte Rente allerlei Pflichten in der Familie aufbürdete. Da Annettes schriftstellerische Arbeiten nicht als eine wirklich ernstzunehmende Aufgabe angesehen wurden und eine geordnete berufliche Tätigkeit ohnehin nicht in Frage kam, blieb ihr nichts, als sich in das Unvermeidliche zu schicken. In einem ihrer späten Gedichte schildert sie recht anschaulich, wie es ihr damals zumute war:

> Von keines Herdes Pflicht gebunden,
> Meint jeder nur, wir seinen grad
> Für sein Bedürfnis nur erfunden,
> Das hülfbereite fünfte Rad.
> Was hilft es uns, das frei wir stehen,
> Auf keines Menschen Hände sehen?
> Man zeichnet dennoch uns den Pfad.   (›*Auch ein Beruf*‹)

Entnervend hat Annette vor allem die sowohl von ihrer Mutter als auch von ihrem Bruder erwarteten Besuche auf Hülshoff empfunden. Die »albernen Ball- und Teegeschichten« dort langweilten sie bis zum Überdruß, und die lärmenden Kinder brachten sie fast um den Verstand. »Der Lärm, nein, ich sage zu

Aber in Hülshoff ist man des Abends müde wie ein Drescher und hat doch ganz und gar nichts zuwege gebracht.
An Sophie von Haxthausen,
Februar 1838

wenig, das Geheul, das Gebrüll der Kinder könnte den stärksten Menschen verrückt machen.« Noch am Abend »dringt der Lärm durchs ganze Haus, und obgleich ich mich immer abschließe, hören die Kinder doch nicht auf, vor meine Tür zu bollern«.

Außerhalb des engen Familienkreises bewegte die sonst eher politisch desinteressierte Annette damals ein Ereignis, das auf den ungelösten Konflikt zwischen Staat und Kirche und auf die Spannungen zwischen Preußen auf der einen sowie dem Rheinland und Westfalen auf der anderen Seite verwies. Der Konflikt entzündete sich am sogenannten Mischehenstreit. Entschieden wandte sich der damalige Kölner Erzbischof Klemens August zu Droste Vischering gegen die von seinem Vorgänger mit Berlin abgeschlossene Geheimkonvention, die eine Ausdehnung der altpreußischen Mischehenpraxis vorsah. Als man den Erzbischof am 20. November 1837 in seiner Wohnung inhaftierte, kam es auch in der preußischen Provinzialhauptstadt Münster zu heftigen Tumulten.

Die Droste wurde Augenzeugin der Ausschreitungen, die sie farbig und packend in einem Brief an die Mutter in Eppishausen schildert und damit ein weiteres Zeugnis ihrer scharfen Beobachtungsgabe und ihres erheblichen Erzähltalents ablegt: »Jetzt ließ der Offizier einhauen, ein paar Bürger wurden verwundet und schrien, und nun erhob sich ein fürchterliches Hurragebrüll und ›Vivat Clemens August! Nieder mit den Preußen!‹ Einige wenige Steine flogen … Indem kamen die Husaren … Sie hieben ohne Rücksicht rechts und links ein, die Bürger wurden wütend, viele liefen fort, um Steine zu holen, und in einer Viertelstunde waren mehrere tausend auf dem Domplatze und Markt, es war ein greuliches Gebrüll und Gelächter.« Nicht so sehr der Anlaß des Konflikts bewegte die Droste, als die Art und Weise, wie man mit ihm umging. Entsetzt erlebte sie die brutal ausgeübte politische Ge-

Zwei ganz verschiedene Schwestern,
Die ich liebe seit gestern;
Und fraget ihr, wie heißen sie?
Persisch-arabische Poesie.

An sinnlicher Fülle der Griechin gleich,
Doch an Empfindung wärmer,
An Kraft und Ausdruck noch einmal so reich
Und nur an Maß und an Besonnenheit ärmer.

Friedrich Rückert, 1837

walt, ein Erlebnis, das ihr Zeit ihres Lebens die Preußen fragwürdig und verhaßt machte. »Die Preußen haben sich recht
schändlich betragen, vorzüglich der General Wrangel.«

Im Rüschhaus entstanden zu dieser Zeit die erst postum
veröffentlichten ›Klänge aus dem Orient‹, in denen die Droste,
der orientalisierenden Mode folgend, ihrer Sehnsucht nach einer Öffnung nach innen wie nach außen Ausdruck gibt:

Schilt mich nicht, du strenger Meister,
Daß im Diwan ich geträumet
Und bei des Muezzins Rufen,
Ach, nach Mittag stand gewendet.
Wisse, als ich kam vom Bade,
Als ich heimging aus den Gärten,
Schlüpfte Zillah mir vorüber,
Und den Schleier hob sie schalkhaft.

Literarisch gesehen, gab das
Jahr 1837 darüber hinaus Anlaß zur Sichtung des Mate-
rials. »Und doch liegen noch
so gute Sachen in meinem
Schreibtisch«, schreibt Annette im August an Wilhelm
Junkmann. Im einzelnen ist
die Rede von den geistlichen
Liedern, an denen sie 1820
die Arbeit abgebrochen hatte, von einer vaterländischen
Oper ›Die Wiedertäufer‹, »um
diesem so oft mißbrauchten
Stoff endlich einmal eine or-

61 Annette als Erzählerin vor Kindern aus der Nachbarschaft, wie der
Maler von Oer sie sich 1864 vorstellte

Goethes ›Westöstlicher Divan‹
(1819) inspirierte die **orientalisie-
rende Dichtung** in der ersten Hälfte
des 19. Jahrhunderts. Hauptvertre-
ter waren Friedrich Rückert (1788–
1866), August von Platen (1796–1835),
Friedrich Bodenstedt (1819–1892)
und Ferdinand Freiligrath.

62   Haus Abbenburg (Kreis Höxter), im Besitz der Familie von Haxthausen.
Lithographie nach Ph. Herle, um 1830/40

dentliche Behandlung zukommen zu lassen«, von einem Schau-
spiel ›Der Galeerensklave‹ und schließlich von dem Gedicht
›Christian von Braunschweig‹, »was freilich fast allein nur in
meinem Kopfe existiert, indessen ist doch ein flüchtiger, aber
ziemlich vollständiger Entwurf bereits zu Papier gebracht.«

An diesem Werk hat Annette offenbar weitergeschrieben.
So heißt es in einem Brief vom Februar 1838: »Ich bin hier
recht fleißig gewesen und habe ein größeres Gedicht in zwei
Gesängen geschrieben die Schlacht im Loener Bruch. Es kommt
aber nicht viel Schlachterei darin vor, sondern das Ganze ist
mehr ein vaterländisches Stück.« ›Die Schlacht im Loener
Bruch‹, identisch mit dem vorher erwähnten ›Christian‹-Ge-
dicht, ist das letzte der großen Versepen der Droste. Ge-
schichtlicher Hintergrund ist die Schlacht bei Stadtlohn am

Auf der Hinnenburg hatte sich das Leben von selbst und ohne weiteres
zur Romantik, im Gewand ihrer Zeit, gestaltet, während es in Bökendorf
und anderwärts erst durch die Romantik von neuem eingezogen war.
Daher war das Leben auf der Hinnenburg ... in seinem innersten Lebens-
kern aber ein und dasselbe und ergänzte so durch eine glänzende Gast-
freundschaft ... die Romantik in allen Ecken des heimischen Waldwin-
kels auf schönste Weise.
Ludwig von der Osten, A. v. Haxthausen, Hannover 1868

63 Die Hinnenburg. Aquarell von Ludwig Emil Grimm, 1827

6. August 1623, in der die Kaiserlichen unter Tilly im Dreißigjährigen Krieg Christian von Braunschweig, der vorher plündernd durch Westfalen gezogen war, eine vernichtende Niederlage beibrachten. Die Einbettung ins Regionale und die Bindung an ein geschichtlich bedeutendes Ereignis, Ausweis eines betont realistischen Erzählens, schaffen den authentischen Hintergrund für ein kritisches Geschichtsbild. Christian von Braunschweig ist der skrupellose Vertreter des Machtprinzips. Nicht die protestantische Sache verfolgt er, sondern allein sein eigennütziges Interesse, unter dem auch Münster zu leiden hatte. Er ist der Prototyp des korrupten Aristokraten, der bedenkenlos Tausende ins Unglück stürzt, sofern er sich persönlichen Gewinn ausrechnet. In der Tat kamen bei der Stadtlohner Schlacht rund 10 000 Soldaten ums Leben. In der Kritik an aristokratischer Machtwillkür nähert sich die Droste den nonkonformen jungdeutschen Haltungen, wie sie sich auch in den Werken Heinrich Heines und Christian Dietrich Grabbes ausprägen. Der besondere Akzent liegt dabei darin, daß hier aus weiblicher Sicht die Fragwürdigkeit männlichen Geschichtshandelns entlarvt wird.

Zweifellos aber nehmen die drei großen Versepen der mittleren Schaffensphase in der Rezeption eine Randstellung ein, während sich im erzählliterarischen Umfeld die Prosa mehr und mehr durchzusetzen begann. Die Droste mit ihren durchaus realistischen Erzählintentionen und Erzählperspektiven

92

Heinrich Heine (1797–1856) in seinen ›Zeitgedichten‹ (1844) und Christian Dietrich Grabbe (1801–1836) insbesondere in seinem Lustspiel ›Scherz, Satire, Ironie und tiefere Bedeutung‹ (1829) karikieren den ebenso anachronistischen wie anmaßenden Absolutismus ihrer Zeit.

auf der einen und ihrer rückwärtsgewandten Formwahl auf der anderen Seite ist eine echte Gestalt des Übergangs. Aber auch an ihr gingen die sich deutlich abzeichnenden Tendenzen zur Erzählprosa keineswegs spurlos vorüber. In dem genannten Brief an Junkmann verweist sie zum erstenmal auf den Stoff zur ›Judenbuche‹, dem erzählerischen Höhepunkt ihrer reifen Schaffensphase. »Eine Kriminalgeschichte, Friedrich Mergel, ist im Paderbornischen vorgefallen …; diese habe ich mitunter große Lust zu vollenden.«

Regional ist der Stoff der Kriminalgeschichte eng mit der Gegend um Bökendorf verknüpft. Eine wichtige Rolle in der wirklich vorgefallenen Geschichte um einen Judenmörder spielten die Haxthausens, denen die Gerichtsbarkeit zustand. Vielleicht haben auch diese Umstände und der Wunsch der Droste, den Stoff zu literarisieren, mit dazu beigetragen, daß sie im Frühjahr 1838 zu ihren ostwestfälischen Verwandten reiste. Nach 18 Jahren betrat sie wieder den Ort, wo man ihr übel mitgespielt hatte und ihre Liebe zerbrochen war. Unterkunft fand sie auf der Abbenburg, dem Stammsitz der Haxthausens, unweit vom Bökerhof, der im Grunde nur dem Erbauer, ihrem Großvater, als Residenz gedient hatte.

Annette hat sich offenbar wohlgefühlt in dem alten verträumten Landsitz. »Das Haus ist angenehm gefüllt mit altertümlichen Gegenständen, wunderschönen geschnitzten Schränken und Möbeln, alten Kunstuhren und Familienbildern und so still, daß man den ganzen Tag die Heimchen zirpen hört.« Hier fand sie auch in der Folgezeit Ruhe und Muße zu schreiben. Einen Platz hebt sie dabei be-

64   Amalie Hassenpflug (1800–1871), Freundin der Dichterin. Ihr Grab liegt neben dem der Droste. Gemälde von C. Andreä, 1848

sonders hervor: »Ungefähr zweihundert Schritt vom Hause ... ein sehr hoher und breiter Laubengang, in der Mitte abgebrochen, wo eine herrliche alte Linde steht mit steinernem Tische und Bänken drum her. Das ist der Ort, wo ich meinen guten Onkel zuweilen betrüge, und ganz ruhig schreibe, während er mich durch Feld und Wald rennend glaubt, um mir die überflüssige Körpermasse abzulaufen.«

Mit ihrem Onkel Fritz von Haxthausen, der 1833 das Herrenhaus auf der Abbenburg umgebaut hatte, verstand sich Annette ausgezeichnet. Aber auch zu den anderen Verwandten entwickelte sie gute Beziehungen, wenngleich von August von Haxthausen nur am Rande die Rede ist. Eine Begegnung ist damals wohl vermieden worden. Die Tante Franziska von Haxthausen war mit dem Grafen von Bocholtz-Asseburg verheiratet; so hatte Annette oft Gelegenheit, die malerisch gelegene Hinnenburg unweit von Brakel aufzusuchen. Ein weiterer Ausflug führte sie nach Hildesheim, wo ihr Onkel Karl Domherr war. Auf der Abbenburg begegnete sie ihrer Freundin Amalie Hassenpflug wieder, Schwester eines Ministers beim hessischen Kurfürsten, Annette seit ihrer Jugend bekannt. Damals hatte sie Amalie zusammen mit Jakob Grimm in Kassel kennengelernt. Mit ihrer Familie war Amalie an der Grimmschen Märchensammlung beteiligt gewesen. Die Briefe aus der Zeit ihres ersten Besuchs ihrer ostwestfälischen Verwandten nach 18 Jahren zeigen Annette gelöst und heiter. Kein Wort fällt von der inzwischen lange zurückliegenden persönlichen Katastrophe. Und doch hat sie mit Sicherheit die alten Stellen ihrer gescheiterten Liebe wieder aufgesucht, in schmerzlicher Erinnerung an ein Glück, das einmal war und nie wiederkehren sollte.

Du starrtest damals schon
So düster treu wie heut,
Du, unsrer Liebe Thron
Und Wächter manche Zeit;
Man sagt, daß Schlaf, ein schlimmer,
Dir aus den Nadeln raucht,–
Ach, wacher war ich nimmer,
Als rings von dir umhaucht!

Nun aber bin ich matt,
Und möcht' an deinem Saum
Vergleiten wie ein Blatt
Geweht vom nächsten Baum;
Du lockst mich wie ein Hafen,
Wo alle Stürme stumm,
O, schlafen möcht' ich, schlafen,
Bis meine Zeit herum.
Schlußverse aus ›Die Taxuswand‹

Der Durchbruch

Nichts von dem, was die Droste bisher geschrieben hatte, hat später zu ihrem Ruhm als bedeutender Dichterin beigetragen. Vieles, insbesondere die Versepen, waren in der Formwahl veraltet, wenngleich Ausdruckskraft und Tiefe der Empfindung schwerlich bestritten werden können. Im ganzen gilt, daß in den Werken der frühen und mittleren Phase in Ansätzen das Charakteristische des Gestaltens und die spezifische Sichtweise der Droste bereits enthalten sind, aber alles noch im Entwurfsstadium, noch nicht in der endgültigen, treffenden Formulierung. Literarisch ist die Droste eine sich vergleichsweise langsam entwickelnde Begabung, was mit ihren dem Künstlerischen eher abträglichen Lebensumständen zusammenhängen mag.

Wenn sie darauf drängte, ihre Werke in den Druck zu geben, so ist das aus der Sicht des Autors, dessen Naturrecht es ist, veröffentlicht zu werden, verständlich, für die Werke indes war damals ein geeignetes Lesepublikum nur schwer vorstellbar. Merkwürdig ist, daß die Droste, nachdem die Hoffnungen auf eine Verlagsvermittlung durch Sybilla Mertens bzw. ihren Schwager sich nicht erfüllt hatten, sich nicht länger persönlich für die Drucklegung einsetzte, sondern Schlüter und Junkmann alle Verhandlungen überließ.

Diese hatten sich an den Buchhändler Eduard Hüffer, den Eigentümer des Aschendorff-Verlags in Münster, gewendet und waren dort durchaus auf Bereitschaft gestoßen, die Werke der Droste in den Verlag zu nehmen. Annette selbst hat die-

Der seit 1720 bestehende, 1804 von Johann Hermann Hüffer übernommene **Aschendorff-Verlag** war der einzig nennenswerte in Münster. Verlegt wurden in erster Linie Bücher mit betont geistlich-religiösen Inhalten. Die Theissingsche Buchhandlung publizierte vornehmlich Schulkompendien und theologische Schriften, während Coppenrath sich vor allem mit französischer Literatur hervortat. Das Lesepublikum versorgte sich ohnehin weniger durch den Erwerb von Büchern mit Lesestoff als durch den Zugang zu den kommerziellen Leihbibliotheken.

sem Unterfangen wohl von Anfang an halbherzig gegenüber-
gestanden, da sie sich eher einen überregionalen Verlag ge-
wünscht hätte. Westfalen war auch damals immer noch literarische Provinz, und die Westfalen selbst waren alles andere als
eifrige Leser. Potentielle Leser aus anderen Regionen hätten
bei westfälischen Verlagen kaum nach bellestristischer Literatur von Rang gesucht. Insofern standen die Zeichen für eine
erfolgversprechende Drucklegung von vornherein schlecht.
Doch die Droste ließ Schlüter und Junkmann, die weder literarisch noch editorisch versiert waren, gewähren, traf mit ihnen
Entscheidungen über die auszuwählenden Werke, hielt sich
aber selbst aus allen unmittelbaren Verhandlungen mit dem
Verleger heraus.

Aufgenommen wurden die Verserzählungen ›Das Hospiz
auf dem Großen St. Bernhard‹, ›Des Arztes Vermächtnis‹ und
›Die Schlacht im Loener Bruch‹. Dazu zwei Gedichte, ›Der
Säntis‹ und ›Am Weiher‹, sowie die Ballade ›Der Graf von
Thal‹ und die Einleitung zu dem später verworfenen dritten
Gesang des ›St. Bernhard‹. Wohl auf Drängen Schlüters fan-
den darüber hinaus noch acht geistliche Lieder Aufnahme.

Im Spätsommer 1838 erschien der 220 Seiten starke Band in
einer Auflage von 500 Exemplaren bei Aschendorff in Münster,
halb anonym unter dem Titel ›Gedichte von Annette Elisabeth v. D... H...« Die Droste hatte ausdrücklich auf eine
Honorierung verzichtet und statt dessen eine größere Anzahl
von Freistücken erbeten. Als das Buch erschien, hielt sie sich
in Bökendorf auf. »Ich war in Bökendorf mit Sophie und Fritz
allein, als es herauskam, hörte nichts darüber und wollte ab-
sichtlich mich auch nicht erkundigen. Da kommt mit einem
Male ein ganzer Brast Exemplare.«

Die Reaktion im Familienkreis war vernichtend. Man er-
klärte »alles für reinen Plunder, für unverständlich, konfus

An jenes Waldes Enden	Wo in der Sonnenhelle
Wo still der Weiher liegt	So matt und kalt sie ist,
Und längs den Fichtenwänden	Doch immerfort die Welle
Sich lind Gemurmel wiegt:	Das Ufer flimmernd küßt

und begreift nicht, wie eine scheinbar vernünftige Person solches Zeug habe schreiben können. Nun tun alle die Mäuler auf und begreifen alle miteinander nicht, wie ich mich habe so blamieren können.« Zurück in Münster, schien sich auf den ersten Blick die Lage günstiger zu gestalten. Adele Schopenhauer, der Annette einen Band geschickt hatte, lobte die Gedichte, und auch Jakob Grimm hob die gewandte Sprache hervor. Durchaus positiv waren überdies die Rezensionen im ›Mindener Wochenblatt‹ und im ›Telegraphen‹, die

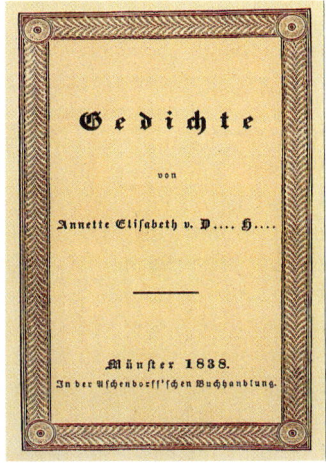

65 Titelblatt der Erstausgabe der Gedichte von 1838

letztere stammte aus der Feder von Levin Schücking. Doch die vereinzelten, brieflich geäußerten anerkennenden Urteile und die ohnehin spärlichen Rezensionen konnten nicht darüber hinwegtäuschen, daß die Resonanz äußerst dürftig war, zumal wenn man bedenkt, daß Zuspruch ausschließlich von Bekannten und Freunden kam. Dort, wo sich eine unparteiische Stimme zu Wort meldete, wie in der Besprechung in der ›Kölnischen Zeitung‹, mußte sich die Droste den Vorwurf des »unreifen Dilletantism« gefallen lassen und das als eine Frau, die inzwischen die Vierzig überschritten hatte.

Aber selbst im Freundeskreis stieß Annette auf Kritik. In einem Brief an Schlüter nimmt sie Bezug auf die Stellungnahme Amalie Hassenpflugs: »In meinen Gedichten glaubt sie ein

Da weiß ich schon zu Malen,
Noch eine schmale Schlucht,
Wo all' die kleinen Strahlen
Sich fangen in der Bucht;

Ein trocken, windstill Eckchen,
Und so an Grüne reich,
Daß auf dem ganzen Fleckchen
Mich kränkt kein dürrer Zweig.
Am Weiher. Ein milder Wintertag

gutes Talent auf höchst traurigem Wege zu sehen.« Eine deutliche Sprache sprach der Absatz: Verkauft wurden lediglich 74 Exemplare, mit den Worten von heute also ein klassischer Flop. Abschließend urteilt die Dichterin selbst: »Die Sache ist und bleibt mir schimpflich.« Die Droste hat keine Versuche unternommen, sich zu rechtfertigen und ihre Gedichte in Schutz zu nehmen. Sie scheint gewußt zu haben, daß es sich um Vorläufiges handelte, um das Vorspiel zu den reifen Dichtungen, die es noch zu schreiben galt und für die

66 Haus Rothenburg in Münster, Wohnhaus der Elise Rüdiger, Tagungsort des »Sonntagskränzchens«

nur noch wenige Jahre bleiben sollten. Aber der Mißerfolg leitete den Durchbruch ein.

Im Winter 1838/39 bildete sich im Haus Rothenburg auf der Rothenburg in Münster zunächst ein literarisches Sonntagskränzchen, die sogenannte »Heckenschriftstellergesellschaft«, über die Annette im Januar 1839 an die Schwester schreibt: »In Münster hat sich bei der Rätin Rüdiger, … Tochter der bekannten Elise von Hohenhausen, ein kleiner Klub von angehenden Schriftstellern gebildet, die jeden Sonntag abends dort zusammen kommen, um zu deliberieren und einander zu kritisieren.« Elise Rüdiger war die eigentlich treibende Kraft der Vereinigung. Ähnlich wie ihrerzeit ihre Mutter in Berlin, die dort einen literarischen Salon ins Leben gerufen hatte, in

Lesezirkel und **Lesegesellschaften** breiteten sich seit der zweiten Hälfte des 18. Jahrhunderts in ganz Westfalen aus, sie blieben allerdings beschränkt auf die Honoratioren und gebildeten Bürger. Oft kam man in sogenannten »Lesekabinetten« zusammen, um das gemeinsam Gelesene zu erörtern.

dem illustre Dichter wie Heinrich Heine verkehrten, scharte Elise Rüdiger literarische Talente um sich, um diesen Gelegenheit zu geben, ihre Werke vorzustellen. Neben ihr und der Droste nahmen Junkmann, Schücking und Luise von Bornstedt, die mit Gedichten und Legenden hervorgetreten war, an dem sonntäglichen Treffen teil. Obwohl Luise von Bornstedt sich sehr um Annette bemühte, behielt diese ein distanziertes Verhältnis zu ihr. »Der Bornstedt ihre Schreiberei bedeutet nicht viel; doch verdirbt sie keinen Stoff ganz, ist in allen Sätteln gerecht und liefert, wie die Verleger es verlangen.« Für die Droste bedeutete das regelmäßige Zusammenkommen von Autorinnen und Autoren eine willkommene Gelegenheit zum literarischen Meinungsaustausch. Im Kreis einander wohlgesinnter Schriftsteller war es möglich, das Geschriebene zur Diskussion zu stellen und Anregungen zu erfahren. Zu den herausgehobenen Stunden des Treffens gehörten die Vorlesungen des Oberfinanzrats Carvacchi. Im Vordergrund standen dabei Werke von Balzac, George Sand, Immermann und der Gräfin Hahn-Hahn.

Die Droste schätzte das Kränzchen sehr. Als der 1810 in Detmold geborene Ferdinand Freiligrath, der mit seinen zum Teil exotischen Gedichten 1838 bei Cotta einen ungeheuren Erfolg gehabt hatte, sich abfällig über die Vereinigung ausließ, ergriff sie Partei: »Freiligrath war denn in Münster und erhielt durch Schücking eine Einladung in unser Kränzchen. Ich

67 Elise Rüdiger, geborene von Hohenhausen (1812–1883), versammelte ab Ende der dreißiger Jahre in Münster ein literarisches Kränzchen. Gemälde von C. Kelpin

68　Ferdinand Freiligrath (1810–1876).
Gemälde von J. P. Hasenclever, 1851

war den Tag dunsch [un-
wohl] und wollte nicht kommen. Freiligrath ließ auch ab-
sagen und machte statt dessen sich einen lustigen Abend
mit jungen Leuten.« Am andern Tag kam Schücking »mir
tausend Grüße von Freiligrath zu bringen; er hätte viel
darum gegeben, mich kennenzulernen, nun ich aber absa-
gen lassen, möge der Henker
das ganze Kränzchen holen«.
Die Droste reagierte scharf
und wohl auch ungerecht, indem sie auf Freiligraths ge-
lernten Kaufmannsberuf anspielte. »Ich freue mich, ihn nicht
gesehn zu haben, er muß ein kompletter Esel sein. So ein
Ladenschwengel braucht wahrhaftig nicht zu tun, als ob unser
Kränzchen ihm die Schweine hüten müßte! Sein schneller und
gigantischer Ruhm hat ihn ganz rapplicht gemacht.« Auch in
der Zeit danach ist keine Begegnung mit Freiligrath zustande
gekommen. Offenbar galt sein freizügiger Lebenswandel der
Familie Hülshoff als anstößig.

Besonders beeindruckt war Annette von Levin Schücking,
wenn sie auch bei ihm mit ihrer Kritik nicht zurückhält. »Er
hat ohne Zweifel das feinste Urteil in unserm kleinen Klub,
und es ist seltsam, wie jemand so scharf und richtig urteilen
und selbst so mittelmäßig schreiben kann.« Sie hält ihn für
»sehr geistreich und überaus gefällig, aber doch so eitel, auf-
geblasen und lapsig, daß es schwer wird, billig gegen ihn zu
sein«. Gelassen nahm sie eine sich anbahnende Affäre zwi-

Ferdinand Freiligrath (1810–1876)
In Detmold geboren, Sensations-
erfolg mit seinem 1838 erschienenen
Gedichtband (›Wüsten- und Löwen-
poesie‹), 1844 Entwicklung zum ra-
dikal-politischen Dichter (›Glau-
bensbekenntnis‹), Flucht aus
Deutschland, seit 1846 Handels-
korrespondent in London, 1848 bei
seiner Rückkehr verhaftet, Redakteur an der ›Neuen Rheinischen
Zeitung‹, 1849 nach deren Verbot
erneute Flucht, nach Amnestie und
Erhalt einer Nationaldotation von
60 000 Talern Rückkehr nach Cann-
stadt, in seiner späten Lyrik Ein-
treten für den Frieden (›Neue
Gedichte‹)

schen Levin und Elise Rüdiger zur Kenntnis und schlug sich auf die Seite ihrer Freundin, als die Beziehung zerbrach, bevor sie richtig begonnen hatte. Schon damals war sie sich über ihre in erster Linie mütterlichen Gefühle für ihn im klaren: »Ich bin in der Tat so entfernt von aller Abneigung gegen ihn, daß ich vielmehr mich einer Art mütterlichen Gefühls nicht erwehren könnte.«

Im Jahre 1839 nahm Annette auf Drängen Schlüters bei erheblichen eigenen Bedenken die 1820 unterbrochene Arbeit am ›Geistlichen Jahr‹ wieder auf. In der Zwischenzeit waren die Glaubenszweifel nicht geringer geworden. Hatte Annette im ersten Teil noch verzweifelt um eine Antwort und die Gnade Gottes gerungen, so schien jetzt unter massiven Zweifeln der Glaube erstickt. Im Gedicht zum »Pfingstmontag« heißt es unmißverständlich:

O Glaube! wie lebend'gen Odems Kreisen,
Er tut mir not;
Ich hab' ihn nicht.

Die Zweifel entzündeten sich vor allem an der offensichtlichen Teilnahmslosigkeit Gottes seinen Geschöpfen gegenüber, an den Verheißungen der Liebe, die sich für den unaufhörlich leidenden Menschen nicht erfüllten. Angesichts der realen Erbärmlichkeit verflüchtigte sich die Vorstellung eines liebenden Gottes zum bloßen Wunschtraum, der für die realistische Dichterin aller Überzeugungs- und Tröstungskraft entbehrte.

Am 14. Januar 1840 zog die Droste einen Schlußstrich unter das ›Geistliche Jahr‹, das für sie in erster Linie illusionslose existentielle Vergewisserung gewesen war. Die nicht mehr aufhebbare Verzweiflung am evangelischen Glauben, wie sie

Mein Heiland, der du liebst, wie niemand liebet,
Fühlst du denn kein
Erbarmen, wenn so krank und tief betrübet
Auf hartem Stein
Dein Ebenbild
In seiner Angst vergehend kniet und flehet?

Aus: Am Pfingstmontage

sich in dem dem weltlichen Jahr folgenden Zyklus nieder-
schlägt, schloß für die Droste eine Veröffentlichung zu Leb-
zeiten aus. »Dann habe ich den Zyklus der geistlichen Lieder
vollendet, die jedenfalls erst nach meinem Tode öffentlich
erscheinen dürfen.«

Das ›Geistliche Jahr‹, von Schlüter 1851 postum herausgegeben, enthält das erste literarisch bedeutende Gedicht der Droste. ›Am letzten Tag des Jahres‹ beschwört bedrängende End-
zeitbilder. Chaotisch breitet sich der Verfall aus, das Zerstöre-
rische, das seinen Zweck allein in sich selbst zu haben scheint.
Einbeschlossen in den allgemeinen Verfall ist die Ahnung des
eigenen Lebensendes:

Wohl in dem Kreis,
Den dieses Jahres Lauf umzieht,
Mein Leben bricht: Ich wußt' es lang!

Dem schauernden Betrachter, vor dessen Augen das unheimliche Geschehen wie ein Schreckensfilm abläuft, bleibt nichts
als die Angst vor der eigenen Auslöschung. Am letzten Tag
des Jahres stellt sich die fundamentale Frage nach dem Sinn
des Leidens in der Welt, eine Frage, die ohne Antwort bleibt.
Sinnlos scheint das Leiden. Gott, der stets Verborgene, ist
vielleicht nur eine haltlose Annahme, eine letzte Zuflucht für
die, die mit der Sinnlosigkeit des Leidens nicht länger leben
können. Real ist allein das sich neigende Leben, das Lebendige, das zu Staub zerfällt. »Sterbemelodie« erfüllt das Gedicht.
Einsam wird der Tod des Menschen sein, vergeblich Aus-
schau haltend nach einem liebenden, erlösenden Gott.

Parallel zur Arbeit am ›Geistlichen Jahr‹ beschäftigte sich
die Droste mit einem umfangreicher angelegten Werk über
Westfalen, zu dem sie vor allem von Amalie Hassenpflug an-

Horch, welch Gesumm?
Und wieder? Sterbemelodie!
Die Glocke regt den ehrnen Mund.
O Herr! ich falle auf das Knie:
Sei gnädig meiner letzten Stund!
Das Jahr ist um!

Aus: Am letzten Tag des Jahres

69   Annette von Droste-Hülshoff. Gemälde von Johann Joseph Sprick, 1838

Ich bin ein Westfale, und zwar ein Stockwestfale, nämlich ein Münsterländer … und denke gut genug von jedem Fremden, wer es auch sei, um
ihm zuzutrauen, daß er gleich mir den Boden, wo seine Lebenden wandeln und seine Toten ruhen, mit keinem andern auf Erden vertauschen
würde.

Aus: Einleitung des Herausgebers, Bei uns zulande auf dem Lande

geregt worden war. »Die vielfachen, ich möchte fast sagen ungestümen Bitten Malchen Hassenpflugs haben mich bestimmt, den Zustand unseres Vaterlandes, wie ich ihn noch in frühster Jugend gekannt, und die Sitten und Eigentümlichkeiten seiner Bewohner zum Stoff meiner nächsten Arbeit zu wählen.«

Ausgeführt hat die Droste aber dann lediglich die ersten drei Kapitel zusammen mit der Einleitung eines fiktiven Herausgebers, der vorgibt, auf die Handschrift eines Edelmanns aus der Lausitz gestoßen zu sein, der in der Erinnerung Westfalen, das Land seiner Vorfahren, lebendig werden läßt. Im zweiten Kapitel, »Der Herr und seine Familie«, entwirft die Droste ein Bild adligen Land- und Familienlebens, bei dem ihr die eigene Familie als Modell diente. Aber in dem Maße, wie ihr die allzu spürbare Nähe zu den Lebensverhältnissen ihrer Eltern bewußt wurde, geriet die Arbeit ins Stocken. »Und doch verlor ich den Mut, da ich meine lieben Eltern so deutlich darin erkannte, daß man mit Fingern darauf zeigen konnte.«

Der Droste gelang es also nicht, sich von den biographischen Umständen so weit zu lösen, daß eine über das Private hinausreichende, überzeugende Sittenschilderung, so wie sie es geplant hatte, Gestalt gewinnen konnte. Insofern war es nur konsequent, wenn sie die Arbeit abbrach. Nach dem Jugenddrama ›Berta‹ und dem ›Ledwina‹-Roman bildet das Werk über Westfalen das dritte größere Fragment. In jedem Fall brach die Droste dort ab, wo sich die eigenen Lebensumstände allzu sehr in den Vordergrund zu drängen begannen und damit allgemeinere Aussagen verdeckten.

Vollendet wurde 1840 das einaktige Lustspiel ›Perdu‹. Anlaß und Inhalt dieser nicht sonderlich witzigen Literaturkomödie sind die Querelen des Barmer Verlegers Langewiesche (Speth) mit seinem Autor Freiligrath (Sonderrath), der,

Zum Schluß des ›Malerischen und romantischen Westfalen‹ schreibt Levin Schücking über das rechte Heimatgefühl: »Seid ihr ohne dieses Gefühl, hat das Leben es in euch erstickt, so wirft euch der Zufall auf einer fremden Erde, in einer fremden Welt umher, die euch feindlich hält, dem sehnsüchtigen Suchen eurer Seele stumm bleibt und euch weiterschleudert wie eine Welle … Ist dies Gefühl dagegen euch treu geblieben, so wurzelt euer Sein auf einem von Poesie überschleierten Grunde … Eurem Sein, eurem ganzen Leben bleibt mit dem Heimatgefühl etwas wie der Schutz der Mutterbrust.«

die Freuden der Liebe und des Weins vorziehend, vertrags-
brüchig wird. Das bereits vorabonnierte Werk bleibt Projekt.
Perdu sind Geld und die Mühen der Vorbereitung.

Konkret geht es um ›Das malerische und romantische Westfalen‹, ein Projekt von Ferdinand Freiligrath, nachdem Westfalen in der zehnbändigen, in Leipzig ab 1834 erschienenen
Reihe ›Das malerische und romantische Deutschland‹ nicht
berücksichtigt worden war. »Westfalen ist den Leuten draußen eine terra incognita«, äußerte Freiligrath programma-
tisch, »ich werd' es durchschreiten mit der Axt in der Hand,
seine Wälder zu lichten.« Als Ausgangspunkt der Wanderung
wurde die Porta Westfalica bei Minden festgelegt. Im Mai
1839 startete Freiligrath in Begleitung des Zeichners Carl Schlik-
kum seine Westfalentour auf Kosten des Verlags. Doch schon
im September 1840, gar nicht ungern, übergab er auf Drängen
des Verlegers das Projekt an Levin Schücking. In der Erstausgabe von 1841 / 42 mit zahlreichen Stahlstichen nach den Zeich-
nungen von Schlickum stammte nur das erste Kapitel im wesentlichen aus der Feder Freiligraths. Mitgewirkt an dem Ge-
lingen des Bandes hat zweifellos auch die Droste, wenngleich
kaum genau feststellbar sein dürfte, welche Partien von ihr

70 Die Porta Westfalica. Kolorierter Stahlstich nach Carl Schlickum, um 1850

geschrieben bzw. vorbereitet worden sind. Fest steht, daß die Droste zahlreiche, umfangreiche Notizen zur freien Verfügbarkeit bereitgestellt hat, doch ist es nicht möglich, aus den Bearbeitungen durch Schücking ihre Skizzen zu rekonstruieren.

Anders verhält es sich demgegenüber mit den Balladen, die die Droste auf Bitten Schückings beigesteuert hat. Im einzelnen handelt es sich um die zwischen 1840 und 1841 entstandenen Gedichte ›Das Fräulein von Rodenschild‹, ›Der Tod des Erzbischofs Engelbert von Köln‹, ›Kurt von Spiegel‹, ›Vorgeschichte‹ und ›Das Fegefeuer des westfälischen Adels‹. Die von Schücking angeregte Mitarbeit an dem Westfalenwerk setzte bei der Droste eine explosive Balladenproduktion in Gang, die weit über den gegebenen publizistischen Anlaß hinausreichte. So entstanden daneben ›Die Stiftung Cappenbergs‹, ›Der Graue‹, ›Die Vendetta‹, ›Der Geierpfiff‹, ›Die Vergeltung‹, ›Meister Gerhard von Köln‹, ›Der Schloßelf‹, ›Der Mutter Wiederkehr‹, ›Die Schwestern‹ und im Sommer 1842 ›Der Fundator‹. Innerhalb weniger Jahre profilierte sich die Droste zur bedeutendsten Balladenautorin des 19. Jahrhunderts. Nach dem Durchbruch der Lyrikerin mit dem Gedicht ›Am letzten Tag des Jahres‹ schaffte sie nun auch den Durchbruch als balladische Erzählerin.

In der situativen Zuspitzung der Ballade tritt wie in einem Brennpunkt die Problematik des Menschen in unfreier Zeit hervor. Aus spürbarer Distanz beleuchtet die Ballade ›Das Fräulein von Rodenschild‹ das emanzipato-

71 Titelblatt zum ›Malerischen und romantischen Westphalen‹, das 1840 von Ferdinand Freiligrath begonnen, dann von Schücking teilweise mit Unterstützung der Droste fortgeführt wurde.

rische Streben der Frau nach ganzheitlicher Selbstentfaltung. Phantastisch verfremdet verkörpert sich in der gespenstischen Doppelgängerin die sozial unerwünschte Sinnlichkeit. Erst die Handreichung löst die Erscheinung auf, so daß nun eine problemlose Integration des Fräuleins erfolgen kann. Zurück aber bleibt die erstarrte rechte Hand, Verweis auf die empfindlich eingeschränkte Handlungsfähigkeit.

72 Carl Schlickum (1808–1869), Selbstbildnis von 1843

Stellt Annette in der phantastischen Ballade existentielle Konflikte und Krisen dar, so gestaltet sie die historische Ballade als Medium zerstörerischer Macht. Die Ermordung des Erzbischofs durch seinen Vetter, den Isenburger, in ›Der Tod des Erzbischofs Engelbert von Köln‹ ist ein skrupelloser Racheakt an dem noch triumphierenden Machtträger. Der sich seiner Position sichere Täter findet sich plötzlich in der Situation des Opfers wieder. Macht und Ohnmacht wechseln in der Geschichte unaufhörlich die Plätze. Der Hochmut der Mächtigen wie die Rachsucht der ohnmächtigen Verlierer setzen immer wieder neu ein blutiges Geschehen in Gang, das die, die am Rande des brutalen Machthandelns stehen, die Frauen und die Kinder, zu den eigentlich Leidtragenden macht, so wie die Frau des gerichteten Isenburgers an der Richtstätte.

In einem dritten Balladentypus, der sozialen Ballade, geht es der Droste um die kritische Anmahnung zur Humanität. Der

Doch eine bleiche Frau die kniet,
Und scheucht mit ihrem Tuch die Raben:
Um sie mied er die Schlinge nicht,
Er war ihr Held, er war ihr Licht –
Und ach, der Vater ihrer Knaben.

Aus: Der Tod des Erzbischofs Engelbert von Köln

Passagier, der nach einem Schiffbruch in der Ballade ›Die Vergeltung‹ den Fieberkranken von der Planke stößt, um sich selbst
zu retten, handelt im tiefsten Sinne unmenschlich. Am Schluß,
als er zusammen mit den Seeräubern gerichtet wird, fällt sein
Blick auf das mit der Planke von einst identische Holz des
Galgens mit der Inschrift »Batavia 510«. Symbolisch verweist
die Zahl auf das fünfte Gebot aus dem Dekalog: »Du sollst
nicht töten!«

Gewalt ist die größte Widersacherin der Menschlichkeit.
Immer wieder konzentriert sich die Droste in ihren Balladen
auf die Kräfte, die die Menschwerdung des Menschen verhindern. Gewalt und Macht, aber auch die Deformation des Sub-
jekts durch soziale Zwänge zerstören die Hoffnung auf eine
humane Gesellschaft.

Zwischen Ballade und Versnovelle angesiedelt ist der 1842
entstandene ›Spiritus familiaris des Roßtäuschers‹. In Anleh-
nung an die bekannte Grimmsche Sage schildert die Droste,
wie ein Pferdehändler, in plötzliches Unglück gestürzt, den
Verlockungen des teuflischen Wesens in der Flasche erliegt
und zu Geld kommt. Im Unterschied zur Sage jedoch bereut
er seine Schuld und wird gerettet. Die biedermeierlich harmo-
nisierende Schlußwendung kann jedoch nicht über die fatal
faszinierende Macht des Geldes in der bürgerlichen Gesellschaft hinwegtäuschen. Bereits Fouqué in seinem ›Galgen-
männlein‹, Arnim in der ›Isabella von Ägypten‹, wo ein Al-
raun eine beherrschende Rolle spielt, und Chamisso in seinem ›Peter Schlemihl‹ mit der verführerischen Gestalt des
Grauen hatten in der Darstellung unheimlicher Verwicklun-
gen auf die Gefährdung des Menschen in zunehmend kapita-
listischen Verhältnissen verwiesen. Kritisches Licht fällt auch
in dem Gedicht der Droste auf die soziale Umwelt, die dem
Bedrängten nicht wirklich hilft, sondern ihn – und darin liegt

»Habt Ihr auf Euren Zügen denn von der Gesellschaft nichts vernommen?«
Der Täuscher blickt verwirrt umher,
Und: »Die Gesellschaft?« murmelt er.
»Wie, die so manchen braven Mann aus seinen Nöten hat gezogen
Und keinen Heller Zinsen nimmt, zwei Worte nur auf weißem Bogen,
Die Euch, und lebt Ihr hundert Jahr, mit keiner Mahnung wird beschämen.
Die kennt Ihr nicht? die kennt Ihr nicht? fürwahr, das muß mich wunder
    nehmen!«   *Aus: Spiritus familiaris des Roßtäuschers, 1842*

weiterhin die aktuelle Bedeutung des ›Spiritus familiaris‹ – durch fragwürdige materielle Angebote immer noch tiefer ins Elend stürzt.

Der Durchbruch zu Dichterin gelang Annette von Droste-Hülshoff als reifer Frau, die, sich ihrer Gestaltungskräfte bewußt werdend, begann, mit kritischem, realistischem Blick, ihre Gesellschaft zu durchleuchten, und sich anschickte, die Erlösungshoffnungen zu relativieren, solange der Mensch nicht bereit war, sich selbst zu erlösen. Der darstellerisch mißlungene

73 Ausgabe der Balladen Annette von Droste-Hülshoffs von 1921. Der Umschlag beruht auf einer Zeichnung von Stephan Hlawa.

ne abschließende göttliche Gnadenakt, der den Roßtäuscher rettet – zweifellos eine Zugabe an die gesellschaftlichen Erwartungen – schließt aber auch die kritische Aussage mit ein, daß bei den Menschen, die ausschließlich nach dem Wert des Geldes messen, keine Hilfe ist.

Abrechnung mit der Heimat: ›Die Judenbuche‹

Die einzige vollendete Novelle der Droste ist ihr eigentliches Lebenswerk. Erste Entwürfe reichen in die Jahre zwischen 1818 und 1830 zurück. Dann blieb die Arbeit unvollendet liegen, ohne allerdings jemals ganz in Vergessenheit zu geraten.

Am 22. August 1839 schreibt sie in einem Brief: »Ich habe jetzt wieder den Auszug aus den Akten gelesen, den mein Onkel August schon vor vielen Jahren in ein Journal rücken ließ, und dessen ich mich nur den Hauptumständen nach erinnerte.« Gemeint ist ein wirklicher Vorfall in der Nähe der ostwestfälischen Güter der Familie von Haxthausen. Es handelte sich um die Geschichte eines Judenmörders, der nach seiner Flucht und nach langjähriger algerischer Gefangenschaft in sein Heimatdorf B(ellersen) zurückkehrte und sich im Spätherbst 1806 erhängte. August von Haxthausen, der Onkel der Dichterin, hatte den Fall dokumentiert und 1818 in einer Göttinger Zeitschrift veröffentlicht. Man kann wohl davon ausgehen, daß die Droste während ihrer Besuche bei den Großeltern bereits als Kind von den Geschehnissen hörte, so daß ihr die »Hauptumstände« früh vertraut waren.

Am 1. Juli 1841 meldet sie in einem Brief an ihre Schwester die Vollendung des Werks: »Ich habe jetzt eine Erzählung fertig von dem Burschen im Paderbörnischen, der den Juden erschlug.« Im darauf folgenden Jahr erschien ›Die Judenbuche‹ zwischen dem 22. April und dem 10. Mai in sechzehn Fortsetzungen im Cottaschen ›Morgenblatt für gebildete Leser‹. Eine

Bei dem wirklichen Judenmörder handelte es sich um den am 18. September 1806 bestatteten Johannes Winckelhahne, der sich im Alter von 43 Jahren erhängte. Im Frühjahr 1783 erschlug er den Juden Pinnes, nachdem dieser ihn wegen einer ausstehenden Zahlung verklagt hatte. Kurz nach seiner Flucht geriet Winckelhahne in algerische Gefangenschaft, aus der er erst 1805 wieder befreit wurde.

fast fünfundzwanzigjährige Entstehungsgeschichte hatte ihr Ende gefunden.

Die Novelle, so lassen bereits die Eingangsverse vermuten, erzählt eine Geschichte fortgesetzter Verletzungen, die der Mensch dem Menschen antut. In der »grünen Waldschlucht« leben die Menschen wie eh und je eingeschlossen in einem Naturzustand jenseits von positivem Recht und einem sittlich verpflichtenden Rechtsgefühl, nur dem von alters her Üblichen und Praktizierten verbunden. Mit wenigen Strichen entsteht das Modell einer desorganisierten Gesellschaft ohne Moralität, in der, weit entfernt von gegenseitiger Verträglichkeit und Befriedung, Gewalttätigkeit und Unrecht an der Tagesordnung sind. Jagd- und Holzfrevel, nächtliche Schlägereien und Schießereien gehören ebenso zum Alltag wie am Morgen die Zerschlagenen und Lädierten.

In dieses Umfeld stellt die Erzählerin ihren Helden. Die in einem aggressiven Klima erstarrten Lebensbedingungen lassen weder eine Öffnung noch eine Veränderung zu. Fern von jeder sozialen Ordnung, die jedem einzelnen vorbehaltlos eine Chance gibt, fördern die geltenden Verhältnisse eine scharfe Frontbildung zwischen Arm und Reich, Christen und Juden sowie zwischen Gesetz und Gewohnheitsrecht. Der ins soziale Abseits Geratene wird von der Gemeinschaft nicht aufgefangen, sondern endgültig an den Rand gedrängt und seinem Schicksal überlassen.

Das Elternhaus Friedrich Mergels ist sichtbares Zeichen für eine unaufhaltsam fortschreitende Verwahrlosung. Nur noch vereinzelte Spuren deuten auf den einstigen bescheidenen Wohlstand. Trunksucht, vor allem aber die Gewalttätigkeit des Mannes haben die erste Ehe von Friedrichs Vater zerrüttet und den allgemeinen Verfall eingeleitet. Der Sohn aus zweiter Ehe findet sich bereits in hoffnungslos herunterge-

112

Friedrich Mergel, geboren 1738, war der einzige Sohn eines sogenannten Halbmeiers oder Grundeigentümers geringerer Klasse im Dorfe B., das, so schlecht gebaut und rauchig es sein mag, das Auge jedes Reisenden fesselt durch die überaus malerische Schönheit seiner Lage in der grünen Waldschlucht eines bedeutenden und geschichtlich merkwürdigen Gebirges.

Aus: ›Die Judenbuche‹

kommenen Zuständen und im gesellschaftlichen Abseits wieder.

Der Vater Friedrichs ist der erste Tote in der Novelle, Opfer der Trunksucht auf den ersten Blick, bei schärferem Hinsehen aber Opfer einer Gesellschaft, die den Schwachen ausgestoßen hat, statt ihm zu helfen, die ihn verkommen ließ, statt ihn aufzubauen. Mit der Muttermilch nimmt Friedrich die Vorurteile auf, die den Nährboden bilden für rechtloses Verhalten und Gewalt. Von der Mutter lernt er die fragwürdigen sozialen Einschätzungen, nach denen Juden und Förster offenbar tiefer in der Wertskala des Dorfs rangieren als die Einheimischen. Bedenklich tritt bereits hier die Tendenz zur Ausgrenzung entgegen, die sich nach innen gegen die Schwachen und nach außen gegen alles Fremde richtet.

Früh erfährt Friedrich, daß es vor allem darauf ankommt, stark zu sein, den anderen zu imponieren, und daß er dabei auf das Vorrecht des Ansässigen bauen kann. Die Lehren der Mutter lassen in ihrer heimatlichen Borniertheit eine schlimme Entwicklung ahnen. Müssen sie doch gerade bei dem auf fruchtbaren Boden fallen, dem die Ächtung durch die anderen Tag für Tag vor Augen steht und ihn stets neu die eigene Minderwertigkeit erleben läßt, so daß er sich nichts sehnlicher wünscht, als einmal ganz oben zu sein.

Mit dem Besuch Simon Semmlers, des Bruders der Mutter, setzt nach der Vorgeschichte die Haupthandlung ein. Scheinbar erhält der zwölfjährige Friedrich durch das Angebot des Onkels, bei ihm arbeiten zu können, eine Chance, aus der erdrückenden Enge der Verhältnisse

74 Der Erstdruck der ›Judenbuche‹ erschien in sechzehn Teilen vom 22. April bis zum 10. Mai 1842 in Cottas ›Morgenblatt für gebildete Leser‹.

und aus der sozialen Mißachtung herauszukommen. In Wahrheit aber setzt sich mit dem Einfluß Simons fort, was bei der Mutter seinen Anfang genommen hatte: die Initiation in eine sittlich verwahrloste, von Vorurteilen, Verantwortungslosigkeit, Unrecht und Gewalt beherrschten Gesellschaft.

Von düsterer Sinnbildhaftigkeit ist die Szene im Brederholz. Die Stümpfe wahllos geschlagener Bäume bieten ein Bild der Verwüstung. Quer über den Weg, noch in vollem Laub, liegt eine frisch geschlagene Buche, und die breite Eiche auf der Lichtung markiert den Ort, wo man die Leiche des alten Mergel gefunden hatte. Fällen und Fallen, gefällte Bäume und gefallene und fallende Menschen stehen in einem symbolischen Beziehungsgeflecht. Die Initiation Friedrichs führt nicht zu seiner Reifung und Vollendung, sondern bereitet seinen persönlichen Untergang vor. Baum und Mensch als Träger organisch gewachsenen Lebens sehen sich den Bedrohungen eines hemmungslosen Raubbaus ausgesetzt.

Friedrichs ungebändigter Ehrgeiz und sein Hang zum Großtun statten ihn bestens aus, in seiner Gesellschaft zu reüssieren. Gerade die erfahrene soziale Zurücksetzung stachelt ihn zu übermäßigen Anstrengungen und zur Übersteigerung seines Selbstwertgefühls an. Ausschließliches Ziel bleibt, Achtung und Ansehen dort zu gewinnen, wo er bisher nur Geringschätzung und Ausgrenzung erfahren hat.

Stolz weist Friedrich sein erstes verdientes Geld vor, ohne daß er es für nötig hält, die Erwerbsquelle zu nennen. Zum erstenmal taucht in diesem Zusammenhang Johannes Niemand auf, ein Doppelgänger Friedrichs, allem Anschein nach ein unehelicher Sohn Simons, den dieser jedoch verleugnet und zu niedrigen Arbeiten anstellt. Der geistig zurückgebliebene, elternlose Junge verkörpert die schwache, hilfsbedürftige Kreatur, die in der Gesellschaft mit ihrer Orientierung an

Und in der Tat verrät eine prosaische Erzählung des Nachlasses, ›Die Judenbuche‹, was die einzelnen Szenen betrifft, ein Talent, das die Dichterin unseren besten Erzählern an die Seite stellt. Die schwere Aufgabe, das Entsetzliche und Humoristische, Grauen und Ironie, so ineinander zu verweben, daß das eine vom andern nicht aufgehoben wird, ist ihr vollkommen gelungen.

Elise Rüdiger, in: Allgemeine Moden-Zeitung, Leipzig 1857

Stärke und Besitz keinen Platz hat. Johannes ist ein Niemand, von Simon gezeugt, aber verantwortungslos abgeschoben. Die frappierende Ähnlichkeit zwischen ihm und Friedrich ist zugleich eine symbolische Warnung für den im Augenblick Erfolgreichen. Wenn immer er eine Schwäche zeigt, Stärke und Besitz nicht länger überzeugend ausstellen kann, droht ihm, ähnlich wie dem Vetter, die Abschiebung ins Abseits, die vernichtende Schattenrolle des Niemand. Über das Existenzrecht des einzelnen entscheiden allein die anderen, wenn sie ihn fallen lassen, ist er wie Johannes nur noch ein Nichts.

Mit der Erfahrung des schändlichen Tods seines Vaters vor Augen, eine Erinnerung, die ihn noch beim Gang mit Simon zusammenschrecken läßt, weiß er, daß nur der Starke, der, der sich brutal durchsetzt, in einer Gesellschaft überleben kann, die den Schwachen gnadenlos fallen läßt. Wer nicht niedergemacht werden will, muß andere niedermachen. Recht früh erkennt er, daß ausschließlich Geld und Gewalt dem einzelnen Respekt verschaffen können. Dabei spielt die Herkunft des Geldes keine Rolle. Wichtig ist lediglich sein Besitz. Der Leser ahnt bereits an dieser Stelle die Verbindung mit den Holzfrevlern, den sogenannten »Blaukitteln«.

Eine Schlüsselszene stellt die nächtliche Begegnung mit dem Förster dar. Im dämmernden Morgenlicht draußen im Wald ist im Grunde alles klar. Das Geräusch der Beilhiebe im Hintergrund rührt selbstverständlich von den Blaukitteln her, auch wenn Friedrich scheinheilig etwaige Holzfäller des Försters ins Spiel bringt. Friedrichs Pfiff ist ein eindeutiges Warnzeichen, die Geschichte mit dem Hund ein plumpes Täuschungsmanöver. Friedrich weiß, daß der Förster ihn durchschaut hat und seinen wahren Auftrag kennt, und dem Förster ist bewußt, daß ihm die Rolle des Zuschauers in einem Theater der Verstellungen und Täuschungen zukommt. Durch gezielte At-

Die Erzählung ›Die Judenbuche‹ gehört bis auf den etwas unbefriedigenden, die Sache nicht ganz klar austragenden oder doch zu abrupten Schluß sicherlich zu den interessantesten Dorfgeschichten, die wir besitzen. Sie ist kräftig in ihrer Einfachheit, wahr in ihren Schilderungen, interessant in ihren psychologischen Motiven und spannend in ihren Verflechtungen.

Hermann Marggraff, in: Blätter für literarische Unterhaltung, Leipzig 1860

tacken auf Friedrichs labiles Selbstwertgefühl versucht der Förster, ihn zu provozieren, indem er ihm die Armut seiner Herkunft und die deklassierte Stellung seiner Familie als unaus-
löschliche Makel vorwirft. Nur für einen Augenblick scheint
Friedrich seine Selbstbeherrschung zu verlieren, dann ge-
winnt er seine Gelassenheit zurück, doch nur, um den, der für
ihn lebensgefährlich zu werden droht, auf den falschen Weg
in den sicheren Tod zu schicken, in die Arme der Blaukittel,
die gar nicht anders können, als den lästigen Mitwisser zu er-
schlagen. Der zweite Tote in der Novelle ist das Opfer direk-
ter wie indirekter Aggression. Der eigentliche Mörder ist Friedrich, er verhängte das Todesurteil über den, der ihm das Existenzrecht streitig macht, während die Blaukittel das Urteil
nur vollstrecken.

In welchem Zustand sich Recht und Ordnung befinden und
wie man mit der Wahrheit umgeht, offenbart der nachfolgen-
de Prozeß. Keiner der Dorfbewohner ist bereit, zur Aufklärung
des Mordfalls beizutragen, weil man allem Anschein nach das
Handeln der Blaukittel billigt oder vielleicht auch in dem einen oder andern Fall selbst daran beteiligt ist. Einmal mehr
zeigt sich die Ohnmacht des Gerichts vor der herrschenden,
von den meisten mitgetragenen allgemeinen Rechtlosigkeit.
Das Unrecht triumphiert über das Recht, die Anarchie über
die staatliche Herrschaft, das Chaos über die Ordnung.

75 Friedrich
Mergel und
sein Oheim
Simon. Buch-
illustration
von Karl
Eckle, 1960

Noch in der Finsternis vor Tagesanbruch findet das im Grunde entlarvende Gespräch zwischen Simon und Friedrich statt. Aber der anbrechende Tag bringt keine Klarheit für die Betroffenen. Am Ende steht das Arrangement mit dem Zwielichtigen und Verworrenen. Simon, angespannt und mißtrauisch, tritt Friedrich in den Weg. Ein dramatischer Dialog ent-

76 Friedrich Mergel. Zeichnung

spinnt sich, nur unterbrochen von knappen Redeanweisungen. Dünn geworden ist die über die wahren Sachverhalte gebreitete Decke und erlaubt trotz aller weiteren Verdunklungsversuche verräterische Durchblicke. Für Friedrich wie für den Leser ist klar, daß die Mordaxt Simon gehört, auch wenn dieser sich mit dem Hinweis auf den neuen Stiel herauszureden versucht. Vergleichbar mit Simon, der jede Beteiligung an dem Mord abstreitet, ist auch Friedrich bestrebt, die Mordschuld allein auf den Onkel abzuwälzen, indem er zwar sein Unrecht zugibt, den Förster den falschen Weg geschickt zu haben, zugleich aber vorschützt, daß er die Folgen nicht kalkuliert habe.

Die Szene, in deren Verlauf sich der Himmel zunehmend bewölkt, spiegelt den Zustand der Wahrheit in einer korrupten Gesellschaft. Versucht der eine, dem andern die Schuld allein aufzubürden, so verleugnet der andere von vornherein jegliches Schuldigsein. Zwei Schuldige unternehmen es, sich zu entlasten und belasten sich mit jedem Wort um so schwerer.

Über den hohen Wert unserer kleinen Novelle kann kein Zweifel obwalten. Sprache und Charakteristik darf man meisterhaft nennen: Ehr Auerbachs ›Schwarzwälder Dorfgeschichten‹ geschrieben hat hier eine westfälische Dichterin die ländlichen Zustände des Paderborner Landes mit einer Anschaulichkeit und Wahrheit geschildert, die nicht leicht zu übertreffen sind.

Franz Hülskamp, in: Annette von Drostes ›Judenbuche‹, 1882

Friedrich lebt fortan eine Scheinexistenz, ein Jemand, solange ihn die Gesellschaft trägt, ein Niemand, wenn sie ihn fallen läßt. An ihm werden die fragwürdigen öffentlichen Maßstäbe beispielhaft deutlich: der materielle Schein als mindeste, aber ausreichende Bedingung für gesellschaftliches Ansehen und die Zurschaustellung von Stärke als Grundlage des Respekts. Soziale Eigenschaften wie Fürsorge und Mitgefühl zählen nichts.

Der Tiefpunkt der Novelle ist mit der Bauernhochzeit erreicht, ein Szenarium, in dem die Katastrophe ihren Lauf nimmt. Wie ein Hahn stolziert Friedrich umher, peinlichst darauf bedacht, sich durch auffälliges Imponiergehabe ins rechte Licht zu rücken. Das Ansehen, das die Gesellschaft ihm, genauer seinem Erscheinungsbild, entgegenbringt, muß ersetzen,

was ihm an persönlichem Wertbewußtsein fehlt. Erst sein ganz am Äußeren orientiertes Dasein erklärt die allgemeine Aufregung um den Butterdiebstahl, eine Lappalie, aber zugleich ein verräterischer Hinweis auf die Verletzbarkeit von Friedrichs mühsam aufgebautem Ansehen. Johannes Niemand, der Butterdieb, tritt auf dem Höhepunkt von Friedrichs Selbstinszenierung auf, Verkörperung der Schattenseite einer Existenz, die in ihrer Scheinhaftigkeit stets von der Gefahr der Bloßstellung bedroht ist.

118

77 Die Bauernhochzeit. Illustration von Bernd Steiner, 1923
Die Bauernhochzeit stellt den entscheidenden Wendepunkt der Novelle dar, an dem das Geschehen endgültig in die persönliche Katastrophe umschlägt.

Auf den peinlichen Zwischenfall folgt unmittelbar der Auftritt des Juden Aaron, der Friedrich an die noch ausstehende Zahlung für eine silberne Renommieruhr mahnt und ihn damit vor allen blamiert. Friedrich verläßt die Gesellschaft, aus der er vorher seinen Doppelgänger ausgestoßen hatte, nun selbst als Ausgestoßener »wie vernichtet«. Hohn und Schadenfreude begleiten seinen Abgang.

Für Friedrich bedeutet die Begegnung mit dem Juden einen jähen Umschlag der bisher entgegengebrachten Achtung in allgemeine Ächtung. Mit einem Schlag bricht seine Identität in sich zusammen, weil sein Selbstwertgefühl ausschließlich auf die Anerkennung von außen gründet. Der Wendepunkt der Novelle markiert die Station, von der an der Lebensweg des einzelnen steil bergab führt.

Erfährt der Leser von der entscheidenden Szene zwischen Aaron und Friedrich nur im nachgestellten Erzählerbericht, so wird der Totschlag des Juden erst Tage später entdeckt. Die tödliche Begegnung selbst ist ausgeblendet, ihre Rekonstruktion dem Leser überlassen. An der Täterschaft Friedrichs besteht jedoch kaum ein Zweifel.

Der dritte Tote ist das Opfer einer spontan aggressiven Reaktion auf die erlittene persönliche Vernichtung. Wer das Ansehen eines anderen irreparabel zerstört, muß mit dem Schlimmsten rechnen, da der Mensch in einer konsequent außenorientierten Gesellschaft nur das ist, was er scheint. Wenn der Schein zerreißt und die Erbärmlichkeit hervortritt, folgt auf die Selbst- die Fremdzerstörung. »Aug' um Auge, Zahn um Zahn!« stößt die Frau des Opfers hervor und bringt damit den mörderischen Kreislauf von Gewalt und Gegengewalt auf die bekannte alttestamentliche Rechtsformel, nach der im Grunde alle in einer lieb- und gnadenlosen Gesellschaft handeln.

Noch vor dreißig Jahren war es etwas sehr Gewöhnliches, beim Mondscheine langen Wagenreihen zu begegnen, neben denen dreißig bis vierzig Männer hertrabten, das Beil auf der Schulter, den Ausdruck lauernder Entschlossenheit in den gebräunten Zügen, und der nächste Morgen brachte dann gewiß – je nach dem sie mit den Förstern zusammen getroffen, oder ihnen glücklich ausgewichen waren – die Geschichte eines blutigen Kampfs, oder eines grandiosen Waldfrevels.

Aus: Westfälische Schilderungen

Friedrich aber entzieht sich mit seiner Flucht der Verantwortung. Er tritt gleichsam endgültig ab von der sozialen Bühne, die sein Leben gewesen war. Sein weiteres Schicksal nach seiner Flucht verliert sich im Dunkeln, parallel zur Auflösung seiner Identität.

In der Gesellschaft, die er zurückläßt, herrscht weiterhin die Gnadenlosigkeit der alttestamentlichen Rechtsformel, wie sie schließlich in die Buche, an der man Aarons Leiche gefunden hatte, eingehauen wird. Wer verletzt, soll verletzt, wer tötet, soll getötet werden. Für alle Zeiten installiert ist der Unfrieden, der Krieg aller gegen alle. Der Baum als Träger organischen Wachstums steht dabei einmal mehr im Widerspruch zum lebensverachtenden Handeln der Menschen. Die Inschrift im Baum ist das vom Menschen der Natur aufgedrückte Siegel der Zerstörung.

Nach 28 Jahren kehrt Friedrich aus der algerischen Sklaverei in sein Heimatdorf zurück, weil er nur hier wiederfinden kann, was er verloren hat: ein Mindestmaß an gesellschaftlichem Ansehen, ohne das er keinen Frieden mit sich selbst und seiner Welt machen kann. Bezeichnend aber ist, daß man in dem Heimgekehrten nicht Friedrich, sondern Johannes Niemand, den Verleugneten und Ausgegrenzten erkennt. Friedrich ist eins geworden mit seinem Doppelgänger, mit der Schattenseite seines Daseins, mit der Existenz eines bloßen Niemand. Gesellschaftlich bleibt ihm nur ein Platz im Abseits.

Friedrich ist heimgekommen, um zu sterben, in der Hoffnung, trotz allem noch am Ende »auf einem katholischen Kirchhofe« zu liegen, wenigstens im Tode wieder aufgenommen zu sein in eine Gesellschaft, deren Ansehen ihm alles bedeutet hatte. Er erhängt sich an dem Baum mit der gnadenlosen alttestamentlichen Rechtsformel, unter dem der alte Mergel und Aaron ihren Tod gefunden hatten.

Das Orchester war glänzend, die erste Geige als anerkannte Künstlerin prädominierend, die zweite und eine große Baßviole mit drei Saiten von Dilettanten ad libitum gestrichen; Branntwein und Kaffee im Überfluß, alle Gäste von Schweiß triefend; kurz, es war ein köstliches Fest.

Aus: Die Judenbuche

Am Ort des Todes und der Todesdrohung stirbt das vierte Opfer einer menschlich verwahrlosten und menschenverachtenden Gesellschaft, in der Haß und Gewalt folgerichtig in Selbsthaß und Gewalt, die man sich selbst antut, münden. Noch im Tode trifft den Ausgestoßenen die volle Wucht sozialer Unversöhnlichkeit. Nachdem man in dem Erhängten Friedrich erkannt hat, wird seine Leiche ohne weiteres Besinnen auf dem Schindanger verscharrt. Verzeihen im Sinne der Eingangsverse gibt es selbst im Tode nicht. In grausamer Konsequenz bewahrheitet sich die Inschrift des Baums. Die versöhnliche Botschaft des Weihnachtslieds, das dem Heimkehrer entgegengeklungen war, hat sich nicht erfüllt.

›Die Judenbuche‹ ist eine Novelle vom Töten, von der vernichtenden Ausgrenzung bis hin zum mörderischen Auslöschen des Mitmenschen und der Selbstauslöschung. Der Mensch greift zerstörend in die Natur und in das Leben der anderen wie in sein eigenes Leben ein und hinterläßt Verwüstung und Destruktion. Mißachtung der Natur und des Lebens, Ächtung und Selbstverachtung bestimmen das Geschehen

78   Der Heimkehrer Friedrich Mergel. Zeichnung von Alfred Kubin, 1925

121

Da bewegte sich von der Breder Höhe herab eine Gestalt langsam gegen das Dorf; der Wanderer schien sehr matt oder krank; er stöhnte schwer und schleppte sich äußerst mühsam durch den Schnee.

Aus: Die Judenbuche

79 Der Selbstmord Friedrich Mergels. Radierung von Heinrich Nauen, 1922/23

und das soziale Verhalten. Die Novelle schildert eine Welt jenseits von Menschlichkeit und Liebe, eine Welt, in der man nimmt, ohne zu geben, in der man umbringt, was einen selbst umzubringen droht, in der es nur Täter und Opfer gibt, echte menschliche Beziehungen, Interesse, Solidarität und Liebe aber ausgeschlossen sind. Die Novelle, von der Droste selbst ein »Sittengemälde« genannt, rechnet ab mit der Heimat, die, in ihrer Beschränktheit und Erbarmungslosigkeit alle sentimentalen Verklärungen Lügen strafend, dem hilfsbedürftigen Menschen kein heimatlicher, sondern ein unheimlicher Ort, kein Paradies, sondern die Hölle ist.

Auf der Burg haus' ich am Berge,
Unter mir der blaue See,
Höre nächtlich Koboldzwerge,
Täglich Adler aus der Höh',
Und die grauen Ahnenbilder
Sind mir Stubenkameraden,
Wappentruh' und Eisenschilder
Sofa mir und Kleiderladen.

Das alte Schloß, 1841/42

Zwischen Rüschhaus und Meersburg

Während des Besuchs Jennys mit ihren Kindern im Spätsommer 1841 in Westfalen entschloß sich Annette, ihre Schwester auf der Rückreise zu begleiten. Ihr Schwager Laßberg war inzwischen aus Eppishausen nach Meersburg übergesiedelt, wo er im Februar 1838 die alte, bereits um 628 errichtete merowingische Burg am Nordufer des Bodensees von der badischen Regierung erworben hatte. »König Dagobert von Austrasien baute sie«, schreibt Laßberg an Uhland, »Karl Martell erneuerte die Burg, die Welfen, die Hohenstaufen besaßen sie.« Noch heute erinnert der Name »Dagobertsturm« für den Bergfried der Burg an ihren Erbauer.

Das anerkannt milde Klima des Bodensees bewog Annette mit Blick auf ihren angegriffenen Gesundheitszustand, die Strapazen der Reise auf sich zu nehmen und Westfalen auf mehrere Monate zu verlassen. Wie aus dem Brief vom Oktober 1841 an die Mutter hervorgeht, erfüllten sich die Erwartungen in vollem Maße. Die Luftveränderung tat ihr gut und besserte ihr Allgemeinbefinden erstaunlich schnell. »Meine Diarrhoe hat schon sehr nachgelassen, die Schweratmigkeit auch; ich spaziere täglich eine Strecke am See hinunter, was, mit dem Weg hinauf, eine ordentliche Tour für mich ist und doch wird es mir nicht viel schwerer, als zu Rüschhaus an manchen Tagen die Treppe zu steigen.«

In Meersburg begegnete sie auch wieder den »Nibelungen-Steckenreitern«, wie sie die in das alte Schrifttum Vernarrten einmal scherzhaft bezeichnet, unter ihnen zum erstenmal dem

Am Bodensee im Schwabenland
In Mitte grüner Au
Erhebt auf steiler Felsenwand
Ein Schloß sich alt und grau,
Von Frankenfürsten hoch getürmt
Aus Blöcken hart und schwer,
Von Schlachtenwettern oft umstürmt:
So blickt es ernst umher.   *Guido Görres, An die alte Meersburg, 1844*

renommierten schwäbischen Dichter und Germanisten Ludwig Uhland. »Auch Uhland war hier; Gott, was ist das für ein gutes, schüchternes Männchen!« Weder Uhland noch die Droste erkannten die literarische Bedeutung des anderen. Allzu unterschiedlich in den Intentionen und Darstellungsweisen, blieben sie sich gleichgültig, ohne wirklich Kenntnis von den vorliegenden Werken zu nehmen.

Im Brief an die Mutter erwähnt Annette mehr beiläufig die Anwesenheit Schückings auf der Meersburg. »Laßberg hat ihn von Darmstadt, wo er sich grade bei Freiligrath aufhielt, verschrieben, um einen Katalog von seiner Bibliothek zu machen. Laßberg ist ganz von selbst auf den Einfall gekommen.« Die abschließende Bemerkung ist verräterisch und entspricht wohl auch nicht der Wahrheit. Annettes Plan, ihren Schwager dafür zu gewinnen, Schücking als Bibliothekar auf der Meersburg zu beschäftigen, taucht zum erstenmal in dem Brief an die Schwester vom 22. August 1840 auf. Schücking selbst bekennt in seinen Lebenserinnerungen, daß er in den Plan eingeweiht gewesen sei, Annette kurz nach ihrem Eintreffen an den Bodensee zu folgen.

Hier konnte man, fernab von dem Münsteraner Stadtklatsch, zusammen sein und sich ungestört austauschen. Annettes Reise an den Bodensee geschah also offenbar nicht nur aus gesundheitlichen Gründen, sondern wohl auch mit dem Hintergedanken an die persönlich höchst anregende Gesellschaft mit dem, dessen Urteil in literarischen Dingen sie überaus schätzte und der es verstand, sie zu eigenem Schreiben anzuspor-

80 Reisekutsche in Westfalen. Aquarell, um 1820

81 Schloß Meersburg. Kolorierter Stahlstich von Johann Poppel, um 1840, nach einer Zeichnung von Konrad Corradi

nen. Die Mutter, die allerdings für ein solches Verhältnis kaum das nötige Verständnis aufgebracht hätte, galt es zu beruhigen, um jeden Verdacht auf eine intimere Beziehung abzuwenden. »Da Schücking so wenig Zeit hat«, schreibt sie mit Bezug auf ihre eigenen literarischen Arbeiten, »werde ich Jenny abends vorlesen, was fertig ist.«

Aus Schückings Lebenserinnerungen, aber auch aus Briefen der Droste aus dieser Zeit geht hervor, daß man sich, wenn immer es möglich war, gesehen hat. Ausdrücklich ist die Rede von ausgedehnten Spaziergängen und eingehenden, meist um Literarisches kreisenden Gesprächen. So begeistert war Annette von dem für sie höchst ersprießlichen Zusammensein mit Schücking, daß sie ihn und seine Gedanken immer wie-

Diese Bibliothek, das Schloß und der gastliche Burgherr nun waren eine Art von Wallfahrtsort für die Gelehrten und Dichter des Schwabenlandes geworden. Es ist wohl in Süddeutschland kein namhafter, für die geschichtlichen Wissenschaften und Altertumskunde sich interessierender Gelehrter, welcher nicht einmal hier eingekehrt wäre.

Aus: Levin Schücking, Annette von Droste. Ein Lebensbild, 1862

der erwähnt, besonders in Briefen an Elise Rüdiger, der gegenüber sie offener sein durfte. Zugleich war ihr aber auch bewußt, daß man das eigenartige, im intensiven geistigen Austausch begründete Verhältnis durchaus mißverstehen konnte. So bittet sie die Freundin: »Aber ich denke, dieser Brief darf nicht von sich reden machen, er wäre durch die ewige Erwähnung Sch(ückings) ganz dazu geeignet, dem dummen Klatsch erst recht Hände und Füße zu geben.«

82   Die Meersburg, Aquarell, um 1850

In dem gemeinsam verbrachten Winter 1841/42 auf der Meersburg, während der langen Spaziergänge am Seeufer, hat Schücking der Droste vor allem Mut zu machen versucht, sich ganz ihrer genuin lyrischen Begabung, so wie er es sah, zu widmen, nachdem sie bis zu diesem Zeitpunkt, sieht man einmal von den geistlichen Gedichten ab, vornehmlich Episches vorgelegt hatte. Nach einigem Zögern zeigte sie sich bereit, zumal die Phase der großen Auseinandersetzungen mit Geschichtlichem und Gesellschaftlichem im wesentlichen abgeschlossen war und es nun darum gehen mußte, den eigenen Standort dichterisch zu entwerfen, sich zu sich selbst, zum eigenen Fühlen und Empfinden zu bekennen. Dazu aber war keine andere literarische Aussageweise geeigneter als die Lyrik, begünstigt vor allem durch den Aufenthalt an dem idyllischen, von der eher bedrückenden Heimat abgeschiedenen

126

So, wenn ich schaue in dein Antlitz mild,
Wo tausend frische Lebenskeime walten,
Da ist mir, als ob Natur mein Bild
Mir aus dem Zauberspiegel vorgehalten;
Und all mein Hoffen, meiner Seele Brand,
Und meiner Liebessonne dämmernd Scheinen,
Was noch entschwinden wird und was entschwand,
Das muß ich alles dann in dir beweinen.

An ..., 1841/42

Ort und durch das Zusammensein mit Schücking, der in seinen Lebenserinnerungen den erstaunlichen lyrischen Schaffensprozeß der Droste, wie er sich explosiv Bahn brach, bezeugt. »Sie meinte deshalb mit großer Zuversicht, einen reputierlichen Band lyrischer Gedichte werde sie mit Gottes Hilfe, wenn sie gesund bleibe, in den nächsten Wochen leicht schreiben können. Als ich widersprach, bot sie mir eine Wette an und stieg dann gleich in ihren Turm hinauf, um sofort ans Werk zu gehen. Triumphierend las sie am Nachmittag bereits das erste Gedicht ihrer Schwester und mir vor.« In atemberaubendem Tempo profilierte sich die Droste zur lyrischen Dichterin von Rang, als ob es nur gegolten hätte, bereits Fertiges aus ihrem Bewußtsein abzuschreiben. »So entstand in weniger Monate Verlauf«, konstatiert Schücking im nachhinein, »in jenem Winter 1841 bis 1842, die weitaus größte Zahl der lyrischen Poesien, welche den Band ihrer ›Gedichte‹ füllen.«

Aus der Fülle der Produktion ragen drei Gruppen deutlich hervor. Die Gedichte an Schücking (›Die Schenke am See‹, ›Kein Wort‹, ›O frage nicht‹) umkreisen das schmerzliche Bewußtsein des Alterns angesichts ihres noch jugendlichen Begleiters, in dem alles noch einmal aufscheint, was ihr längst verlorengegangen ist und ihr weiter Tag für Tag verlorengeht.

Beeindruckend ist die illusionslose Selbstdarstellung der Alternden, Zeugnis einer konsequent realistischen Sichtweise und Bekenntnis zum individuell unum-

83 Levin Schücking. Stahlstich nach einem Originalgemälde, vermutlich von J. Baumann, gestochen von A. Weger in Leipzig

84 Annette von Droste-Hülshoff an einem Fenster der Meersburg, 1846. Zeichnung

kehrbaren Zyklus von Alter und Jugend. Die erste Meersburger Phase leitete eine lyrische Selbstbegegnung ein, in deren Verlauf die Droste nicht nur der Kreatürlichkeit der eigenen Existenz inne wird, sondern auch Mut schöpft, ihre unverwechselbar persönliche Identität zu bejahen.

Zwei Gedichte sind es in dieser zweiten Gruppe vor allem, in denen sie sich der eigenen Vergangenheit und der Gegenwart annähert. In der erwähnten ›Taxuswand‹ erinnert sie sich der enttäuschten Liebeshoffnungen, die sie auf sich selbst zurückwarfen. Nun, im reifen Alter, erkennt sie, daß das ihr verbliebene Lebensglück allein in der Selbstannahme begründet sein kann. Im ›Spiegelbild‹ blickt ihr die eigene komplexe Persönlichkeit entgegen, gespannt zwischen den Polen des Rationalen und Irrationalen, dem Affektiven und Emotionalen, zwischen Intellekt und Intuition. Zögernd, aber doch voller Faszination nimmt sie das persönliche Spektrum wahr und beginnt, es von innen heraus zu bejahen.

In der dritten Gruppe der ersten Meersburger Gedichte setzt sich die Droste mit der Natur und der Stellung des Menschen in ihr auseinander. Die zum Zyklus gefügten ›Heidebilder‹ entfalten eine Naturszenerie voll eigenmächtiger Kräfte. Eingelassen in sie ist der Mensch, ausgesetzt den dunklen Gewalten und zugleich erfüllt von dem Wunsch nach Sicherung

Und dennoch fühl' ich, wie verwandt,
Zu deinem Schauern mich gebannt,
Und Liebe muß der Furcht sich einen.
Ja trätest aus Kristalles Rund,
Phantom, du lebend auf den Grund,
Nur leise zittern würd' ich, und
Mich dünkt – ich würde um dich weinen!

Das Spiegelbild, 1842

und Geborgenheit. Urtümlich und bedrückend dehnt sich der Naturraum, hinter dem das lyrische Ich auffällig zurückweicht. An seine Stelle treten nicht selten wie in den ›Krähen‹ die Naturstimmen selbst. Im ›Hünenstein‹ und in der ›Mergelgrube‹ droht das Subjekt, sich aufzulösen in das, was es unmittelbar umgibt.

Das anarchische Eigenleben der Natur, besonders eindrucksvoll im ›Knaben im Moor‹, dem berühmtesten der ›Heidebilder‹, läßt Metaphern in romantischer Manier nicht länger zu. Poetische Entgrenzungen und Phantasiespiele scheinen eingeholt von dem urwüchsigen Sein, das sich aller ästhetischen Umgestaltung widersetzt. Unauflöslich verbunden ist der Mensch mit der opaken Existenz des Raums. Die ›Heidebilder‹ gestalten die elementaren Daseinsbedingungen der Natur und des Naturwesens Mensch, Leben stiftend und bedrohend, vitales Versprechen und zugleich Herausforderung an den Willen zu überleben.

In der Sammlung ›Fels, Wald und See‹, zum Teil parallel zu den ›Heidebildern‹ unter Verwendung älterer Gedichte entstanden, fährt die Droste fort, die realistische Einbindung des Menschen in seinen Daseinsraum Gestalt werden zu lassen. Das Gedicht ›Im Moose‹ versetzt den einzelnen mitten hinein in die vegetativ sich entfaltende Natur, in das stetige Wach-

85 Reinschrift des Gedichts ›Der Knabe im Moor‹, 1841/42

sen und Vergehen, bis er selbst sich in einem visionär ge-
schauten Bild aufzulösen beginnt und eins wird mit der Erde:

Und noch zuletzt sah ich, gleich einem Rauch,
Mich leise in der Erde Poren ziehen.

Im April 1842 ging das Zusammenleben Annettes mit Levin
auf der Meersburg zu Ende. Freiligrath hatte dem Freund
eine Stelle als Erzieher der Söhne des Fürsten Wrede im frän-
kischen Ellingen besorgt. Schücking wird nicht ungern gegangen sein, zumal ihn die Droste, ihrem Egoismus als Künstlerin folgend, völlig für sich und ihre literarischen Arbeiten mit
Beschlag belegt hatte und er daher kaum Zeit fand für seine
eigenen Pläne. Für die Droste bedeutete der Abschied von
Schücking einen schmerzlichen Einschnitt. »Hör zu! In den ersten acht Tagen war ich todbetrübt und hätte keine Zeile schreiben können, wenn es um den Hals gegangen wäre; ich lag
wie ein Igel auf meinem Kanapee und fürchtete mich vor den
alten Wegen am See wie vor dem Tode.«

Levin Schücking war für sie der verständnisvolle und wohl-
meinende Ansprechpartner gewesen. In seiner Anteilnahme
und seinen Reaktionen hatte sie die Wirkung ihrer Dichtungen verspürt, die erst während des Vorlesens und Zuhörens

86 Turmzimmer der Droste auf der Meersburg. Aquarellierte Bleistiftzeich-
nung, signiert S. M., um 1840

ein ganz persönliches Leben gewannen. Gerade dieses ursprüngliche Verhältnis zwischen der hochmotivierten Dichterin und dem sich ihr zuneigenden Hörer war mit einemmal zerbrochen und ließ die lyrische Produktion jäh abbrechen. »Mein Talent steigt und stirbt mit Deiner Liebe; was ich werde, werde ich durch Dich und um Deinetwillen; sonst wäre es mir viel lieber und bequemer, mir innerlich allein etwas vorzudichten.«

Annette blieb noch bis zum Spätsommer 1842 am Bodensee. Dann trat sie über Bonn, wo sie Sybilla Mertens besuchte, die Heimreise nach Rüschhaus an. Dort umfing sie bald wieder die gewohnte Gleichförmigkeit. »Was soll ich Ihnen von meiner Lebensweise sagen?« schreibt sie in einem Brief. »Sie ist so einförmig, wie Sie sie kennen und sie mir grade zusagt: Rüschhaus in seiner bekannten melancholischen Freundlichkeit, im Garten die letzten Rosen, die mich immer rühren.«

Was sie innerlich bewegte, war das Schicksal Schückings, der bei dem Fürsten Wrede unhaltbare sittliche Zustände angetroffen hatte, eine freizügige Mätressenwirtschaft, die selbst vor den Kindern nicht verborgen wurde und auch keine Rücksicht nahm auf die eigene sterbenskranke Frau. Annette machte sich Sorgen um den Freund, der, wie sie Elise Rüdiger wissen läßt, ihr »lieb ist wie ein eigenes Kind«. Doch die Sorgen erwiesen sich als unbegründet. Im Mai kündigte Schücking seine Stellung bei dem Fürsten und trat schon bald darauf als Redakteur in die Cottasche »Augsburger Allgemeine Zeitung« ein.

Um diese Zeit erwähnt Schücking in seinen Briefen an Annette zum erstenmal Luise von Gall, mit der er bereits seit einiger Zeit im Briefwechsel gestanden hatte und der er im Frühsommer 1843 persönlich begegnete. Als frisch Verliebter gerät er in den Briefen an Annette immer wieder ins Schwär-

131

Daß es immerhin auch unter den schwierigen Verhältnissen möglich war, eine Zeitung auf ansehnlicher Höhe zu erhalten, beweisen einzelne Blätter wie die von Cotta herausgegebene ›Augsburger Allgemeine Zeitung‹, die sich im Vormärz mit der österreichischen Regierung in ein gutes Verhältnis zu stellen verstand.

Wilhelm Bauer, Deutsche Kultur von 1830 bis 1870, 1937

men über das »Staatsmädel«, über die »ganz außerordentliche
Erscheinung« und über sein »rasendes Glück«. Annette reagierte kühl und besorgt, keineswegs als sitzengelassene Geliebte, die sie nie gewesen war, sondern als beunruhigte mütterliche Freundin, die vor allem wirtschaftliche Erwägungen
ins Feld führte und vor einer übereilten Verbindung mit einer
im Grunde noch Fremden warnte. Ungeachtet dieser Warnun-
gen aber verlobte sich Schücking im Frühsommer 1843 mit
Luise von Gall. Von seiner Heirat am 7. Oktober des gleichen
Jahres unterrichtete er Annette erst fast vier Wochen später.

Die Einsamkeit im Rüschhaus nach dem erfüllten halbjährigen Zusammensein mit Schücking am Bodensee setzte Annette schwer zu. Ihr Gesundheitszustand verschlechterte sich zusehends, und die Klagen über Kopf- und Augenschmerzen
sowie über allgemeine Schwächegefühle häuften sich. Eine
Abwechslung bedeutete für sie der vierwöchige Besuch von
Sybilla Mertens im Frühjahr 1843, wenn die Besuche der etwas exaltierten, hysterischen Bonner Freundin im Rüschhaus
auch nicht ohne Spannungen und Aufregungen abliefen. Die
Hoffnung, im Sommer Erholung und Entspannung in Abbenburg zu finden, erfüllten sich nicht. Zerschlagen und müde
kehrte Annette in die Einsamkeit des Rüschhauses zurück.
»Ich werde leider täglich mehr zur Fledermaus, zwischen
Licht und Dämmerung, das ist meine rechte Zeit und übrigens – allein oder zu zweien, was darüber, ist vom Übel, und
ich möchte immer, wie ein travestierter Hamlet sagen: ›Träumen, träumen! Vielleicht auch schlafen.‹« Ahnungen ihres nahen Todes verfolgten sie und verdichteten sich angesichts zu-
nehmender Hinfälligkeit zur quälenden Gewißheit. »Ich genie-
ße jedes Abendrot, jede Blume im Garten wie eine Sterbende.«

Ihre produktive Phase schien jäh abgerissen. Abgeschlossen
hatte sie als letztes größeres Werk im Juni 1842 die ›Westfäli-

Freiligrath hatte seinem Freund Levin Schücking Luise von Gall als
Dame »der ersten Darmstädter société« empfohlen: »Kerl, da heißt es, die
Rococostaatsweste anziehen … Dann wird sie nicht widerstehen können
und es wird nicht lange dauern, so tritt die gemeinsame Wirtschaft in's
Leben.«
Ferdinand Freiligrath in einem Brief an Schücking von 1842

schen Schilderungen‹, die unter dem Namen Schük-kings in dem von Professor L. Bauer geplanten Band ›Deutschland im 19. Jahrhundert‹ in Stuttgart erscheinen sollten. Als das Projekt jedoch scheiterte, verweigerte die Droste Schücking die Erlaubnis zu einem Sonderabdruck. Veröffentlicht wurde der Beitrag erst im Jahre 1845 anonym in den von Guido Görres herausgegebenen ›Historisch-politischen Blättern für das katholische Deutschland‹.

87 Luise Schücking, geborene von Gall (1815–1855), heiratete 1843 Levin Schücking.

Eingerahmt von der Beschreibung der Landschaft Westfalens und der Darstellung des Münsterländers treten die westfälischen Typen des Paderborners und des Sauerländers ins Blickfeld. Bildet der Münsterländer in seiner Religiosität, seiner Rechtsliebe und seiner konservativen Einstellung das sittliche Ideal, so sind sowohl der Paderborner in seiner sittlichen Verwahrlosung als auch der Sauerländer in seiner religiösen Indifferenz und seiner Betonung materieller Interessen als Kontraste entworfen. Damals wie heute wirkt die einseitig parteiische Typologie fragwürdig und willkürlich. In der kritischen Schärfe der Heimatdarstellung berührt sich die Studie an manchen Stellen allerdings mit der ›Judenbuche‹.

Wichtiger für die Droste war die Anknüpfung an das fruchtbare Lyrikschaffen in Meersburg. Aber gerade hier empfand

Dem Münsterländer attestiert die Droste:
»Gutmütigkeit, Furchtsamkeit, tiefes Rechtsgefühl, und eine stille Ordnung und Wirtlichkeit, die, trotz seiner geringen Anlage zu Spekulationen und glücklichen Gedanken, ihm doch einen Wohlstand zu Wege gebracht haben, der selbst den seines gewerbetreibenden Nachbars, des Sauerländers, weit übertrifft.«

Aus: Annette von Droste-Hülshoff, Westfälische Schilderungen

sie eine deprimierende Stagnation. An Schücking schreibt sie noch im Oktober 1842: »Bis vor kurzem habe ich wenig daran getan, aber seit es draußen kalt und kotig geworden ist, habe ich mich in meine Winterpoesie gehüllt ... Säß mein liebstes Kind mir noch gegenüber, ich würde wieder zwei Gedichte täglich machen.«

Unter den Rüschhauser Gedichten stechen neben dem bereits erwähnten ›Spiritus familiaris‹ insbesondere die Totengedichte (›Die Unbesungenen‹, ›Meine Toten‹) hervor, in denen Annette der Verstorbenen gedachte, die ihr einmal nahegestanden hatten, des Vaters, des Bruders Ferdinand, des Vetters Clemens Droste und der 1842 verstorbenen Wilhelmine von Thielmann. Wieder nahm sie alte Papiere zur Hand, Andenken und Grüße aus längst vergangener Zeit, und verbrannte das meiste davon. Auf dem Tiefpunkt ihrer Melancholie und ihrer Lebensmüdigkeit begrüßte sie das Vorhaben, zusammen mit ihrer Mutter und Elise Rüdiger wieder an den Bodensee zu fahren, vielleicht in der stillen Hoffnung, dort noch einmal anknüpfen zu können an ihre erfüllteste und fruchtbarste Lebensphase.

Erfolg, Einsamkeit, Ende

Anfang Oktober 1843 traf Annette in Meersburg ein, wo ihr die Gesellschaft mit Elise Rüdiger über manche wehmütige Erinnerung hinweghalf. Die im ganzen positive Stimmung hielt auch nach der Abreise der Freundin an und drückte sich in einer gesteigerten Sensibilität für die Schönheiten der Natur aus. In einem Brief an Elise Rüdiger Ende November schildert sie »die ganze Alpenkette wie rotes Eisen und sonst noch prächtige, mir ganz fremde Beleuchtungen, z. B. einmal die Kuppen der Berge ganz dunkelviolett, der Fuß ebenfalls, und um die Mitte ein breiter Wolkengürtel, in den das Abendrot den brennendsten Purpur widerstrahlte, und der wie ein Lavastrom in allen Tinten wallte.«

Während ihres zweiten Aufenthalts näherte sich Annette der Landschaft am Bodensee, entdeckte ihre Schönheiten und begann, sich heimisch zu fühlen. Mit der Entfernung von Westfalen nahm die Annäherung an sich selbst zu, der ins Weite gerichtete Blick vermittelte ihr ein Gefühl der Befreiung. In der Gewißheit, hier, im milden Klima der Voralpenlandschaft mit ihren Licht- und Farbenspielen und ihren überwältigenden Aspekten, ein neues Zuhause gefunden zu haben, entschloß sich Annette Mitte November 1843, das sogenannte Fürstenhäuschen mit dem dazugehörenden Weinberg für 400 preußische Taler zu ersteigern.

Der Name geht auf den Erbauer Jakob Fugger von Augsburg zurück, der das Anwesen 1620 seinem Vetter, dem Konstanzer Fürstbischof, vermacht hatte. Die »niedliche Miniaturbe-

Jetzt muß ich Ihnen sagen, daß ich seit acht Tagen eine grandiose Grundbesitzerin bin. Ich habe das blanke Fürstenhäuschen ... in einer Steigerung nebst dem dazu gehörenden Weinberge erstanden.
Brief an Elise Rüdiger vom 18. November 1843

sitzung«, an der zum Friedhof hinaufführenden Straße gelegen, war, wie Annette schreibt, »jedermanns Augenmerk«. Begeistert zeigte sich die neue Besitzerin von der Beschaffenheit
ihres Tuskulums. »Das Gebäude ist im besten Zustande, sehr
fest und massiv aus gehauenen Steinen aufgeführt, das Dach
noch im vorigen Jahre durchaus repariert.« Auf dem etwas
mehr als einem Morgen Rebland wurden »Muskateller, Trami-
ner, Gutedel« gepflanzt, »die in guten Jahren etwa 20 Ohm
(ungefähr 3000 Liter) Wein bringen sollen.«

In Meersburg konnte auch endlich die Reinschrift für die
bei Cotta geplante, vor allem von Schücking vermittelte zweite Werkausgabe fertiggestellt werden. Mit der Arbeit des Ab-
schreibens hatte die Droste bereits Anfang 1843 begonnen. Nach
Versuchen mit einem Abschreiber, der jedoch die Vorlage nur
äußerst fehlerhaft wiederzugeben vermochte, blieb ihr nichts
übrig, als die mühevolle Arbeit mit der »eigenen Pfote« zu
Ende zu führen. Mitte Januar 1844 schickte sie das fertige, heute im Landesmuseum in Münster aufbewahrte Manuskript an
Schücking. Wenig später, am 29. Januar, wurde mit Cotta der
Vertrag abgeschlossen, der der Droste bei einer Auflage von
1200 Exemplaren ein Honorar von 700 Gulden zusagte, ungefähr die Summe also, die sie für den Kauf des Fürstenhäus-
chens aufbringen mußte.

Im September 1844 erschien der großzügig gedruckte, 575
Seiten starke Band in ansprechender Ausstattung. Er enthielt
unter anderem die ›Heidebilder‹, ›Fels, Wald und See‹, ›Gedichte vermischten Inhalts‹, unter ihnen ›Die Taxuswand‹ und

›Das Spiegelbild‹, die Balladen sowie die großen epischen Dichtungen einschließlich des ›Spiritus familiaris‹.

In einer wohl von dem Literarhistoriker Wolfgang Menzel stammenden Vorbemerkung zum ›Morgenblatt‹, dem ›Intelligenzblatt‹, wurde der Dichterin eine überaus glückliche Verbindung von »Naturempfindung und Naturanschauung« bescheinigt. Der spätromantische Dramatiker, Erzähler und patriotische Lyriker Joseph Christian Freiherr von Zedlitz urteilte in der ›Augsburger Allgemeinen Zeitung‹: »In Annette von Droste besitzt Deutschland eine Dichterin, der kein Erfordernis wahrer poetischer Begabung fehlt, eine Dichterin der seltensten Weihe, die mit den Dichtern um jeden Preis zu ringen befugt ist.« Im ›Westfälischen Merkur‹ schrieb der aus Schlesien stammende Literat Franz von Kühnast: »Überall tritt uns das reiche, mannigfach bewegte innere Leben einer hochbegabten Frau entgegen. Gleich stark erscheint sie im Erkennen ihrer selbst, wie im Begreifen der Natur und ihrer Zeit.« Kurz nach Erscheinen des Bandes wandte sich der Breslauer Fürstbischof Melchior von Diepenbrock an die Droste mit der Bitte um ein Autograph, und im Auftrag ihres Mannes fragte Clara Schumann wegen eines Opernlibrettos an.

Was der Droste 1838 nicht gelungen war, gelang ihr nun mit ihrer zweiten Werkausgabe. Mit einemmal zählte sie zu den bedeutendsten Autorinnen der Zeit, der man offen Originalität wie Genialität zuerkannte. Unter den dichtenden Frauen nahm sie nach dem Urteil führender Autoren des 19. Jahrhunderts unbestritten den ersten Platz ein. »Die Droste-Hülshoff«, schrieb Theodor Storm in einem Brief vom Januar 1870, »ist für mich von allen dichtenden Frauen die respektabelste poetische Kraft.«

Noch bevor die Ausgabe erschien, Anfang Mai 1844, besuchte Schücking mit seiner Frau Luise Annette in Meersburg.

137

> Nur als ich entmutigt ganz,
> Gedanken flattern ließ wie
>   Flocken,
> Da plötzlich fiel auf meine
>   Locken
> Ein junger, frischer Lobeerkranz.
>   *Die beste Politik, 1841/42*

89   Annette von Droste-Hülshoff um
1845. Daguerreotypie

Während des knapp vierwö-
chigen Aufenthalts, unterbrochen durch eine Reise des
jungen Paars in die Schweiz,
kam man oft im alten Schloß
zum Essen und zu abendli-
chen Gesprächen zusammen.
Stolz zeigte Annette den Be-
suchern ihr neuerworbenes
Eigentum. Aufs ganze gesehen jedoch verlief der Besuch
nicht sehr harmonisch. In einem späteren Brief an Hermann Hüffer berichtete Elise
Rüdiger von einer zuneh-
menden Verstimmung zwi-
schen Annette und Levin

Schücking. »Ich glaube, daß S. und seine junge Frau bei
einem Besuch auf der Meersburg sich rücksichtslos gegen Annette benommen haben. Vielleicht nur im Übermut der Jugend, sie als alt behandelten.« Eine gereizte Stimmung herrsch-
te zwischen den beiden Frauen. So »tadelte Frau S.«, wie Elise
Rüdiger sich erinnerte, »den Gesang von Annette«, während
Annette ihrerseits über den Gesang von Frau Schücking ebenfalls sehr abfällig urteilte: »Sie singt so laut und so falsch.«
    Die Entfremdung zwischen Annette und Levin zeichnete
sich schon damals deutlich ab. Von dem einstigen Einverneh-
men zwischen beiden, der geistigen Aufgeschlossenheit für-
einander, war kaum etwas übriggeblieben. Als die Schük-
kings Ende Mai die Meersburg verließen, gab ihnen die Droste einige inzwischen fertiggestellte Gedichte zur Veröffentlichung im ›Morgenblatt‹ mit, unter ihnen die Verse ›Lebt

Verlassen, aber einsam nicht,
Erschüttert, aber nicht zerdrückt,
Solange noch das heil'ge Licht
Auf mich mit Liebesaugen blickt.
          Lebt wohl

wohl‹, in denen sie sich innerlich lossagt von der einstigen engen Verbindung.

Älterwerden fordert den einzelnen heraus, sich in der Einsamkeit einzurichten. Für die Droste erfüllt sich im Alter, ganz auf sich selbst zurückgeworfen, die persönliche Freiheit von allem, was in ihr unerfüllte und unerfüllbare Wünsche wachgerufen hatte. In dem Maße, wie sie sich selbst befreit, wird sie souverän und erfährt ihren eigenen subjektiven Reichtum. Leben heißt, von der Natur geliebt zu werden, bei gleichzeitiger Gewißheit, daß es ein befristetes Leben ist, das sie gewährt. Doch aus dem Bewußtsein der Vergänglichkeit des eigenen Daseins erwachsen weder Trauer noch die Hoffnung auf ein ewiges Leben. Das Ich nimmt die Bedingungen seiner diesseitigen Existenz an und fühlt sich in ihnen aufgehoben, solange die Natur sich ihm zuneigt.

Zu den bedeutendsten Gedichten muß der ebenfalls noch während des zweiten Meersburger Aufenthalts entstandene ›Mondesaufgang‹ gezählt werden. Trübt sich die einleitende Naturidylle bei einbrechender Dunkelheit zunächst noch ein, begleitet von Sünden- und Existenzängsten, so überstrahlt am Ende der aufgehende Mond die dunkle Szenerie und befreit den einzelnen vom Druck seiner seelischen Not:

Da auf die Wellen sank ein Silberflor,
Und langsam stiegst du, frommes Licht, empor;
Der Alpen finstre Stirnen strichst du leise,
Und aus den Richtern wurden sanfte Greise;
Der Wellen Zucken ward ein lächelnd Winken,
An jedem Zweige sah ich Tropfen blinken,
Und jeder Tropfen schien ein Kämmerlein,
Drin flimmerte der Heimat Lampe Schein.

O Mond, du bist mir wie ein später Freund,
Der seine Jugend dem Verarmten eint,
Um seine sterbenden Erinnerungen
Des Lebens zarten Widerschein geschlungen,
Bist keine Sonne, die entzückt und blendet,
In Feuerströmen lebt, in Blute endet –
Bist, was dem Kranken Sänger sein Gedicht,
Ein fremdes, aber o ein mildes Licht.

Mondes Aufgang

Im weichen, geborgten Licht des Mondes erwachen die Schatten der Vergangenheit zu neuem Leben. Wie der Mond vom Glanz der Sonne, so strahlt das Alter vom Glanz der Jugend wider, Vergangenheit und Gegenwart verschmelzend und das genossene Glück in einem seligen Augenblick erinnernd. Was im Zenit des Lebens blendend und überwältigend schien, rückt im abgetönten Licht des Alters auf besänftigende Distanz. Die blendende Fassade des Lebens beginnt von innen heraus zu leuchten.

Im September/Oktober entstand mit ›Im Grase‹ das letzte bedeutende Gedicht der Droste. Gedruckt wurde es 1844 in DuMonts ›Kölnischer Zeitung‹, wo Schücking inzwischen Chef des Feuilletons war. Eins mit den Kräften des Wachstums und der natürlichen Entfaltung, läßt das lyrische Subjekt alles hinter sich, was einengt und beschneidet, indem es sich souverän nur den Augenblicken verschreibt, in denen es ganz Mensch sein kann, innig verbunden mit den Harmonien des wahrhaft Lebendigen. Mit den Augen des lyrischen Ichs gesehen, wird wieder sichtbar, was verloren gegangen ist und weiterhin verloren geht: die Symbiose von Natur und Mensch.

Ende September 1844 trat Annette die Heimreise mit ihrer Mutter nach Rüschhaus an. Mit dem Wagen, der Eisenbahn zwischen Offenburg und Mannheim und dem Schiff war man vier Tage unterwegs. »Die Eisenbahn«, schreibt Annette, »machte uns diesesmal gar keinen ängstlichen oder seltsamen Eindruck mehr, aber einen höchst langweiligen, ganz als wenn man auf schlechten Wegen langsam voran juckelt, überall aufgehalten wird und gar nicht voran kommt. Auf dieser Bahn müssen nämlich die Schienen nicht gut gelegt sein; sie stößt bedeutend, und das ewige Anhalten bei den Stationen erhöht noch den Eindruck von schlechten Wegen und Lang-

Süße Ruh', süßer Taumel im Gras,
Von des Krautes Arom' umhaucht,
Tiefe Flut, tief, tief trunkne Flut,
Wenn die Wolke am Azure verraucht,
Wenn aufs müde schwimmende Haupt
Süßes Lachen gaukelt herab,
Liebe Stimme säuselt und träuft
wie die Lindenblüt' auf ein Grab.   *Im Grase*

samkeit, obwohl es pfeilschnell geht, und wir nur etwa fünf Stunden bis Mannheim brauchten.«

Im Rüschhaus, wo Annette die Freistücke ihrer Gedichtausgabe und die Honoraranweisung vorfand, an einem »der unveränderlichsten Orte, wo man den Flug der Zeit am wenigsten gewahr« wird, wie sie kurz darauf schreibt, verlebte sie den Winter 1844/45. Im Februar traf sie mit dem Tod der Amme, der sie ihr Leben verdankte, ein schwerer Schlag. »Ich war seit vielen Jahren an sie gewöhnt, und ihre Treue hat auch jede Liebe und Andenken wohl verdient; so ist es mir denn auch, als hätte ich eine nahe Verwandte verloren.« Schmerzlich wurde Annette gerade angesichts dieses Verlusts ihr Alleinsein bewußt, die völlige Isolation von vertrauten, lieben Menschen. »Ich lebe jetzt einsamer als je.«

Wenig Erholung brachte ihr der Aufenthalt im Sommer 1845 in Abbenburg, da ihr Onkel Fritz von Haxthausen schwer erkrankt war und Annette sich zu aufopfernder Pflege aufgefordert fühlte. Bei seinem Tode Anfang Dezember verfaßte sie den Totenzettel. Überhaupt ist Annettes letzter Aufenthalt in Westfalen zwischen 1844 und 1846 überschattet von schmerzlichen Erfahrungen und herben Enttäuschungen. In das Jahr

90 Haus Rüschhaus im Winter

1846 fiel der endgültige Bruch mit Schücking, der sich indes schon lange vorher in der zunehmenden Entfremdung abgezeichnet hatte.

Anlaß war der 1846 erschienene kulturhistorische Erzählzyklus mit den Titeln ›Die Ritterbürtigen‹ und ›Eine dunkle Tat‹. In dem erstgenannten Roman übt Schücking Kritik am konservativ erstarrten westfälischen Adel und modelliert dabei manche seiner Figuren nach lebenden Vorbildern. Zweifellos verwertete er auch interne Informationen, wie er sie von der Droste in vielen Gesprächen erhalten haben mag und deren Veröffentlichung ihr zum Ärgernis wurde, zumal man sie in ihren eigenen gesellschaftlichen Kreisen für die Indiskretionen in erster Linie verantwortlich machte.

Gravierender für sie waren aber wohl einige Äußerungen in dem Roman ›Eine dunkle Tat‹, Äußerungen, die sie als Enthüllungen ihres privaten Verhältnisses zu Schücking empfinden mußte. Zwar hat sie wohl selbst an dem Roman mitgearbeitet, seine endgültige Gestalt aber geht allein auf Schücking zurück, der zum Ärger Annettes einschneidende Veränderungen vornahm. Wie zwischen Annette und Levin, so besteht auch im Roman zwischen dem jüngeren Bernhard und dem älteren Stiftsfräulein, das wie Schückings Mutter den Namen Katharina trägt und den jungen Mann öfter »mein Junge« nennt, ein deutlicher Altersunterschied. Unumwunden bekennt Katharina Bernhard gegenüber: »Ich will jemand haben, der mein ist und dem ich wie einem geduldigen Kamele alles aufpacken kann, was an Liebe und Wärme, an Drang zu pflegen und zu hegen, zu beschützen und zu lieben, in mir ist und übersprudelt.« Peinlich war es offenbar für die Droste, daß Schücking sie durchschaut hatte und daraus auch öffentlich kein Hehl machte. War er nicht wirklich nur ihr Ersatzkind gewesen, das sie mit all ihrer aufgestauten mütterlichen Liebe eingeschnürt

Der eigentümlich poetische Reiz, den Westfalen für den Eingeborenen besitzt, hat niemand so zu schildern gewußt wie Annette von Droste, … Ihr Talent war aber keineswegs ein an die Heimat gebundenes – wenn sie Bilder aus einer anderen Welt, … aus den Alpen, wie in ihrem Sankt Bernhard, schafft, zeigt sie ihre dichterische Kraft ebenso genial und groß.

Aus: Levin Schücking, Annette von Droste. Ein Lebensbild, 1862

hatte? Hatte sie ihn nicht zum bloßen Instrument gemacht, ihre eigene Kunst zu entbinden und ihren Werken persönlichen Beifall zu zollen? Nun, da Schücking als erfolgreicher Redakteur und Schriftsteller seinen eigenen Weg ging, begann er, ihrem Einfluß zusehends zu entwachsen. Unduldsam äußert sie sich bereits Anfang 1846 zu Schückings Gedichten, an denen sie nicht etwa die mäßige literarische Qualität tadelt, was verständlich gewesen wäre, sondern die Gesinnung: »Er tritt darin als entschiedener Demagog auf. Völkerfreiheit! Preßfreiheit! – alle die bis zum Ekel gehörten Themas der neueren Schreier.« Da sie Schücking nicht länger mehr mütterliche Gefühle entgegenbringen konnte und er Standpunkte vertrat, die ihr fremd waren, ließ sie ihn fallen.

Unbestreitbar aber sind Schückings Verdienste um das Drostesche Werk, das er in der Entstehung nicht unerheblich beeinflußt und dem er den Weg zur wirkungsvollen Veröffentlichung gebahnt hat. Noch nach dem Tode der Droste fühlte er sich aufgerufen, die Werke der bedeutenden Dichterin einem breiten Publikum zu erschließen. So gab er 1860 die ›Letzten Gaben‹ und 1878/79 die ›Gesammelten Schriften‹ heraus.

Im Frühjahr 1846 stellten sich bei Annette schwere Erstikkungs- und Fieberanfälle ein, verbunden mit quälenden Kopf- und Augenschmerzen, so daß sie ihren Plan, nach Meersburg zu reisen, zunächst aufgeben mußte und die Mutter am 1. Juli befremdlicherweise allein abreiste, die kranke Tochter sich selbst überlassend. Praktisch allein im Rüschhaus, schreibt diese an Elise Rüdiger: »Sie können sich die Tiefe meiner Verschollenheit gar nicht denken! Kein Brief (der von Mama der einzige), kein neues Buch, keine Zeitung, kein Besuch, auch keine mündliche Nachrichten.«

Als sich Ende August eine leichte Besserung ihres Zustands einstellte, sie wieder etwas zu sich nehmen und vor allem, zu-

In seinem Roman ›Eine dunkle Tat‹ (1846) läßt Schücking das Stiftsfräulein Katharina sagen:
»Aber wenn Sie Kamel deshalb glauben oder jemals sich einbilden, ich wäre verliebt in Sie, ... so sind Sie nicht nur ein eitler Geck, sondern Sie sind etwas Schlimmeres, ein verdorbener Mensch ... Sie wissen, was ich von der Liebe halte; ... ich kenne Sie nicht und fühle auch kein Organ dafür in mir.«

mindest stundenweise, wieder schlafen konnte, entschloß sie sich auf Drängen ihres Bruders, nach Hülshoff überzusiedeln, zumal das einsame Leben im Rüschhaus sie zunehmend depressiv zu stimmen drohte. Eingefangen hat die Droste die Stimmung, die bis zum Zerreißen angespannte nervliche Sensibilität, bereits in dem 1845 entstandenen Gedicht ›Durchwachte Nacht‹:

Wie mir das Blut im Hirne zuckt!
Am Söller geht Geknister um,
Im Pulte raschelt es und ruckt
Als drehe sich der Schlüssel um,
Und – horch! der Seiger hat gewacht,
's ist Mitternacht.

Hülshoff aber bedeutete für die Droste keine Erholung. »Ich bin in Hülshoff und recht krank, an allerlei, am plagendsten an meinem nervösen Kopfweh, das seit sechs Tagen völlig überhandgenommen hat.« Eine schwere Erkrankung an der Ruhr mit starken, krampfartigen Bauchschmerzen und blutig-schleimigen Durchfällen fesselte sie endgültig ans Bett. Doch noch im September, von der Krankheit kaum genesen, machte sich Annette auf zu ihrer letzten Reise nach Meersburg, wo sie ihre neue Heimat gefunden hatte und sich eine allgemeine Besserung ihres gesundheitlichen Zustands erhoffte.

Nach einer strapaziösen Reise, am Ende ihrer Kräfte, erreichte Annette Meersburg am 1. Oktober 1846. Ihr Zustand war so bedenklich, daß man sogleich zwei Ärzte hinzuzog. Doch die verordneten Medikamente verschlimmerten ihr Befinden, begleitet von alarmierenden Symptomen einer akuten Nervenüberreizung. »Da habe ich denn die viele Medizin geschluckt und bin immer elender danach geworden, zuletzt so

91 ›Gesammelte Schriften von Annette Freiin von Droste-Hülshoff‹. Da am 24. Mai 1878 die dreißigjährige Schutzfrist ablief, nach der die Droste-Werke beliebig nachgedruckt werden durften, schlug Levin Schücking am 17. Januar 1877 dem Cotta-Verlag eine Gesamtausgabe vor, für die er selbst als Herausgeber fungieren wollte. Diese Ausgabe stellte ▶ alle bis dahin publizierten Texte der Droste zusammen, die aber nur sehr wenige der bis dahin unveröffentlichten Werke enthielt. Mit der Herausgabe dieser ersten Gesamtausgabe untermauerte Schücking seine Stellung als wichtigster Promoter der Droste-Werke.

nervenschwach, daß mir jedes Wort klang wie eine Posaune, und zuweilen im Stockfinstern mir das Zimmer für einige Sekunden erleuchtet schien wie vom grellsten Sonnenschein, und ich die kleinsten Gegenstände genau unterscheiden konnte.« Der Brunnenarzt aus Überlingen, der sie eingehend untersuchte, konnte keine organischen Befunde feststellen, machte aber auf die ganz außergewöhnliche neurasthenische Verfassung der Patientin aufmerksam.

Erst allmählich, nachdem man die Medikamente abgesetzt hatte, stellte sich eine leichte Besserung des Befindens ein. »Seit meiner Ankunft«, schreibt Annette in einem Brief vom 4. Februar 1847, »habe ich mein Zimmer nicht verlassen ... Laßberg kommt jeden Nachmittag auf eine Stunde, und Mama und Jenny bringen regelmäßig die Abende bei mir zu. Dann wird aber alles Aufregende im Gespräche vermieden, und ich höre, auf einen großen Lehnsessel an der Schattenseite des Ofens gekauert, ganz behaglich an, was von Tagesbegebenheiten ... vorgebracht wird.«

Das Frühjahr erlebte Annette innerlich ruhiger und weitgehend schmerzfrei, wenn auch die allgemeine körperliche Schwäche eher zunahm. Im Mai war es ihr sogar möglich, den

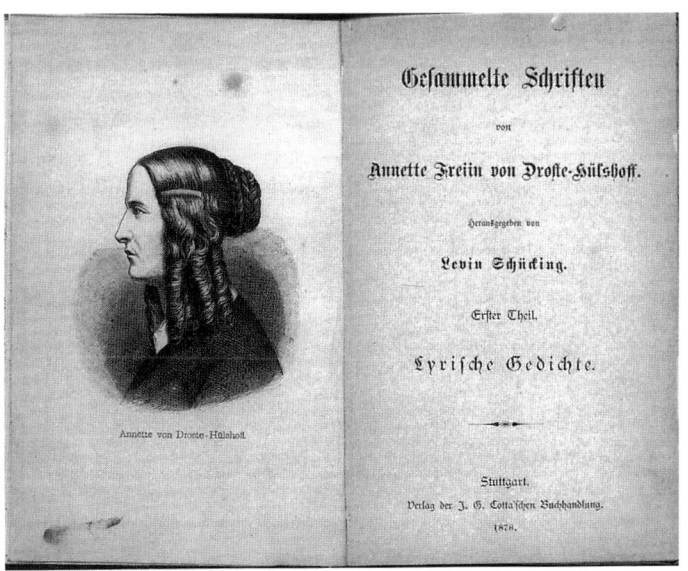

Gesammelte Schriften

von

Annette Freiin von Droste-Hülshoff.

Herausgegeben von

Levin Schücking.

Erster Theil.

Lyrische Gedichte.

Annette von Droste-Hülshoff.

Stuttgart.
Verlag der J. G. Cotta'schen Buchhandlung.
1878.

Weg zum Fürstenhäuschen zu nehmen und im Burggarten spazieren zu gehen. Allerdings litt sie immer wieder an allzu schneller Ermüdbarkeit. Literarische Arbeiten hatte sie ganz zurückgestellt, bis auf die Durchsicht des ›Geistlichen Jahrs‹, dessen erste Hälfte sie sich von Schlüter nach Meersburg schikken ließ. Mit gemeinsamem Musizieren in der Familie, kleinen Spaziergängen und Gesprächen im engeren Kreis verlief das Jahr 1847 vergleichsweise störungsfrei, so daß man Hoffnung zu schöpfen begann. Annette selbst aber wußte, daß es mit ihr zu Ende ging. »Ich bin jede Stunde bereit«, schreibt sie im Sommer 1847, »und meinem Schöpfer sehr dankbar, daß er mir durch das beständige Gefühl der Gefahr eine vollkommene Befreundung mit dem Tode, sowie, durch eben dieses Gefühl, eine doppelt innige und bewußte Freude an allen, auch den kleinsten Lebensfreuden, die mir noch zuteil werden, gegeben hat.« Die Ärzte hatten inzwischen eine akute Herzschwäche bei Annette entdeckt und ihr jede Aufregung, vor allem aber eine Reise in das ungesunde Klima Westfalens verboten. So reiste die Mutter im August allein zurück.

Am 21. Juli 1847 setzte Annette ihr Testament auf. »Alles was ich geschrieben / Das ist kein Hauch und ist keine Luft / Und ist kein Zucken der Finger / Das ist meines Herzens flammendes Blut / Das dringt hervor durch tausend Tore.«

Im Frühjahr 1848 erschütterten revolutionäre Unruhen auch den badischen Seekreis. Aufständische erschienen auf der Meersburg mit der Forderung nach Waffen. Vor dem Rathaus in Meersburg rief man die Republik aus. Obwohl man sich bemühte, jede Unruhe von Annette ferzuhalten, bekam sie von dem allgemeinen Aufruhr mehr mit, als ihrem labilen Gesundheitszustand zuträglich war. Von »Fackelgang und Geschrei einiger Radikalen« ist im Tagebuch Jennys vom 10. März zu lesen, und von der Schwester, die »sehr in Angst« lebe.

Die Lyrikerin Betty Paoli (1815–1894) widmete der Droste einen poetischen Nachruf:

Auch du dahin! Wie lichtet sich der Kreis
Verehrter und befreundeter Gestalten!
Auch du dahin! O Gott allein nur weiß,
Was du mir galtst, wie hoch ich dich gehalten,

92   Das Sterbezimmer der Dichterin in der Meersburg. Heutiger Zustand als Museum

Am 10. April, dem Geburtstag des Schwagers, war Annette so schwach, daß sie das Bett nicht verlassen konnte. In herzlicher Zuneigung schickte sie Laßberg aber eine poetische Grußadresse:

Grad heute, wo ich gar zu gern
Dir hätt' ein herzlich Wort gesagt,
Grad heute hat mein böser Stern
Mit argem Husten mich geplagt,
Doch wär' ich wohl hinaufgeklommen,
Wär' nicht mein Schwesterlein gekommen
Und hätt' es ernst mir untersagt.

Am 19. Mai unternahm Annette ihren letzten Spaziergang und war stolz darauf, außerhalb der Burg 6000 Schritte zurückge-

Wir standen uns im Leben fremd und fern,
Allein im wundersamen Reich der Dichtung
War mir dein Wort der ewig klare Stern,
Der mir das Ziel bestimmte und die Richtung.

Gedichte, 1850

legt zu haben. Kurz danach, in der Nacht vom 21. auf den 22. Mai, stellte sich ein heftiger Bluthusten ein, der sich auch noch zwei Tage später fortsetzte. Am 24. Mai, zwischen 14.00 Uhr und 14.30, erlag Annette einem Herzschlag. Die Beisetzung erfolgte am 26. Mai 1848 in der nordöstlichen Ecke des Meersburger Friedhofs. Fern vom bedrückenden Klima Westfalens fand Annette von Droste-Hülshoff, die man immer wieder als katholische Heimatdichterin mißverstanden hat, ihre letzte Ruhestätte dort, wo sie ihren großen literarischen Durchbruch erlebt hatte.

Erst heute beginnt man die Droste als eine Dichterin auf der Schwelle zur Jetztzeit zu verstehen. Die meisten ihrer bedeutendsten Werke zeigen den Menschen verwickelt in eine Gesellschaft, die in der Unmenschlichkeit und Hoffnungslosigkeit stagniert. Übermächtig zu werden drohen die Verunsicherungen und die Ängste. Sinnlos scheinen Leben und Tod.

»Erschüttert, aber nicht zerdrückt« verharrt die Droste nicht wie ihr Zeitgenosse Arthur Schopenhauer in einem ausweglosen Pessimismus. So illusionslos sie die Krise des modernen Menschen zeichnet, so unverzagt und lebensbejahend sucht sie nach Wegen, die den einzelnen aus

93 Der Totenzettel Annette von Droste-Hülshoffs

148

Annettes Kutsche im Rüschhaus

Noch steht lebendig da die Kutsche
und wartet
wie ein abgedienter Gaul
hart unterhalb Annettes Kammer,
ob sich nicht doch

94 Der Meersburger Friedhof. Zeichnung von Leonhard Hohbach, 1858

ihr herausführen. Entscheidend wird die Begegnung mit dem eigenen Selbst und die damit verbundene Einsicht, daß nichts und niemand in der Welt Sinn zu stiften vermag als allein der einzelne, der sich der von außen eindringenden Behinderungen seines Wachstums wie seiner persönlichen Entfaltung und seiner bislang verstellten Ganzheit bewußt geworden ist.

Erst jetzt beginnt das Ich, sich zu seiner eigenen Biographie, zu seinem gelebten Leben, zu bekennen und die richtenden Instanzen, die bisher das eigene Dasein umstellten und einschnürten, zu entthronen. In der Erinnerung nimmt das Subjekt sein eigenes Dasein, das vergangene wie das gegenwärtige, an. Artikulierte sich die Auseinandersetzung mit den ge-

noch einmal
oben an der Wand
das kleine Fenster öffnet:
»Jetzt, stummer Wagen
fahren wir!«

Aus: Erich Jansen, Aus den Briefen eines Königs, Köln 1963

150

95 Diese heroisierende Büste von
Anton Rüller, die heute im Garten
der Burg Hülshoff bei Münster
steht, entspricht dem am 9. November 1896 am Kanonengraben in
Münster enthüllten Denkmal.

schichtlichen und gesellschaftlichen Mächten vornehmlich in den epischen Darbietungsweisen der Novelle und der Ballade, so drücken sich Selbsterfahrung und Selbstbekenntnis in der das Spätwerk dominierenden Lyrik aus.

Die herausragenden dichterischen Werke der Droste sind von bemerkenswerter Aktualität. In schonungsloser kritischer Haltung setzen sie sich auseinander mit den Verhältnissen, die die Entwicklung des einzelnen verhindern, und gelangen über die Einsicht, daß das Ich zwar nicht seine Verhältnisse, aber sein eigenes Verhalten zu ändern vermag, zur Annahme seines Selbsts, das im herrschaftsfreien Dialog mit der Natur sich seiner Identität mit dem wahrhaft Lebendigen vergewissert. Am Ende einer leidvollen, aber auch erfolgreichen persönlichen Entwicklung steht die souveräne Dichterin und starke Frau. »So steht mein Entschluß fester als je«, schreibt sie an Elise Rüdiger, der intimsten Freundin der letzten Jahre, »nie auf den Effekt zu arbeiten, keiner beliebten Manier, keinem anderen Führer als der ewig wahren Natur durch die Windungen des Menschenherzens zu folgen und unsre blasierte Zeit gänzlich mit dem Rücken anzusehn. Ich mag und will jetzt nicht berühmt werden, aber nach hundert Jahren möcht ich gelesen werden.«

Zeittafel

1797 Anna Elisabeth (Annette) von
Droste-Hülshoff wird am
12. Januar als Tochter des Frei-
herrn Clemens August von
Droste-Hülshoff und seiner
Frau Therese Luise, geborene
von Haxthausen, auf dem
Wasserschloß Hülshoff bei
Münster in Westfalen
geboren.

1805 Am 4. August unternimmt die
Achtjährige ihre erste Reise zu
ihren Großeltern nach Bökendorf bei Brakel in Ostwestfalen.

1812 Annette wird mit Anton
Matthias Sprickmann bekannt,
ihrem wichtigsten literarischen Anreger in jungen
Jahren.

1813 Den Sommer verlebt sie erneut in Bökendorf, wo sie
Wilhelm Grimm, der mit
ihren Onkeln Werner und
August von Haxthausen be-
freundet ist, kennenlernt. Sie
nimmt an Grimms Sammeln
von Volksliedern und Mär-
chen teil.

1818 Die Dichterin arbeitet an dem
Versepos ›Walter‹. Im Sommer ist sie wieder in Bökendorf, wo sie mit Jacob und
dem Maler Ludwig Grimm
und mit Amalie Hassenpflug
bekannt wird.

1818–20 Annette hält sich abwechselnd in Bad Driburg, Bökendorf und Abbenburg auf. Sie
schreibt geistliche Lieder für

die Stiefgroßmutter und
beginnt die Arbeit am
›Geistlichen Jahr‹. Im Sommer
1820 nimmt auf Grund einer
Familienintrige ihre Verbindung mit Heinrich Straube ein
unglückliches Ende.

1825 Im Oktober fährt Annette
wegen einer ihr ärztlich
empfohlenen Luftverände-
rung an den Rhein. Durch
Vermittlung ihres Onkels
Werner kommt sie in Verbindung mit den Bonner Profes-
soren August Wilhelm Schlegel, Eduard d'Alton und Josef
Ennemoser. Im selben Jahr
lernt sie Sibylla Mertens-
Schaaffhausen kennen, die
sich insbesondere dem Studium des Altertums widmet.

1826 Im April tritt Annette die
Rückreise nach Hülshoff an.
Am 25. Juli stirbt ihr Vater.
Zusammen mit ihrer Mutter
siedelt sie im Herbst ins
Rüschhaus bei Münster
um.

1828 Erneut reist Annette an den
Rhein. Sie beginnt mit den
ersten Arbeiten am ›Hospiz
auf dem Großen St. Bernhard‹.

1830 Im Herbst reist sie neuerlich
nach Bonn.

1831 Im Kreise des Mertensschen
Hauses lernt Annette Johanna
Schopenhauer und deren
Tochter Adele kennen. Zurück
im Rüschhaus, begegnet sie
zum erstenmal Levin Schük-

king, dem Sohn der Dichterin Katharina Busch.

1834 Annette lernt Christoph Bernhard Schlüter, Professor für Philosophie an der Münsterschen Akademie, kennen, der ihr fortan ein wertvoller literarischer Berater ist. Am 18. Oktober heiratet ihre Schwester Jenny den Sammler und Germanisten Joseph von Laßberg und zieht mit ihm nach Eppishausen (Schweiz).

1835 Im Juli reist Annette über Bonn zu ihrer Schwester nach Eppishausen im Thurgau, wo sie im September eintrifft.

1837 Im Februar kehrt Annette ins Rüschhaus zurück. Zum erstenmal erwähnt Annette den Stoff zur ›Judenbuche‹. Sie lernt die Regierungsrätin Elise Rüdiger kennen.

1838 Bei Aschendorff in Münster liegen die ›Gedichte der Annette Elisabeth von D… H…‹ vor. Die Ausgabe wird ein Mißerfolg.

1840 Nach Abschluß des ›Geistlichen Jahrs‹ arbeitet Annette an Ferdinand Freiligraths und Schückings Westfalenbuch ›Das malerische und romantische Westfalen‹ mit.

1841 Ins Frühjahr fällt der Abschluß der ›Judenbuche‹. Es entstehen Balladen. Im September reist Annette zum erstenmal nach Meersburg, wo Laßberg die alte

Burg erworben hatte. Schükking arbeitet als Bibliothekar Laßbergs. In den Meersburger Aufenthalt fällt die erste große Lyrikproduktion.

1842 Am 2. April verläßt Schücking die Meersburg. Vom 22. April bis zum 10. Mai erscheint die ›Judenbuche‹ im ›Morgenblatt für gebildete Leser‹.

1843 Im September tritt Annette ihre zweite Reise nach Meersburg an. Am 12. November kauft sie das »Fürstenhäuschen« in Meersburg.

1844 Am 17. Januar sendet Annette die Abschriften ihrer Gedichte für die geplante Ausgabe an Cotta in Stuttgart. Das Ehepaar Schücking kommt im Mai zu Besuch auf die Meersburg. Im Herbst erscheint der Gedichtband bei Cotta; das literarische Echo ist wider Erwarten groß.

1846 Annette bricht mit Levin Schücking, unmittelbarer Anlaß ist dessen liberaler Roman »Die Ritterbürtigen«. Nach schwerer Erkrankung im Frühjahr unternimmt sie ihre dritte Reise nach Meersburg.

1848 Am 24. Mai in den frühen Nachmittagsstunden stirbt die Dichterin nach heftigem Bluthusten auf der Meersburg. Sie wird am 26. Mai auf dem Meersburger Friedhof beigesetzt.

Literaturhinweise

Werk- und Briefausgaben

D... H..., Annette Elisabeth v.: Ge-
dichte. Münster 1838
Droste-Hülshoff, Annette: Gedichte.
Stuttgart und Tübingen 1844
Droste-Hülshoff, Annette: Das
geistliche Jahr. Hrsg. v.
Christoph Bernhard Schlüter.
Stuttgart und Tübingen 1851
Droste-Hülshoff, Annette: Letzte
Gaben. Hrsg. v. Levin Schük-
king. Hannover 1860
Droste-Hülshoff, Annette: Gesam-
melte Schriften. 3 Bde. Hrsg.
v. Levin Schücking. Stuttgart
1878/79
Droste-Hülshoff, Annette: Sämtliche
Werke. 6 Tle. Hrsg. v. Julius
Schwering. Berlin u. a. O. 1912
Droste-Hülshoff, Annette: Die
Briefe. 2 Bde. Hrsg. v. Karl
Schulte Kemminghausen. Jena
1944 (Nachdr.: Darmstadt 1968)
Droste-Hülshoff, Annette: Sämtliche
Werke. 2 Bde. Hrsg. v. Gün-
ther Weydt und Winfried
Woesler. München 1973/78
zitierte Ausgabe
Droste-Hülshoff, Annette: Werke,
Briefwechsel. Historisch-kri-
tische Ausgabe. Hrsg. v. Win-
fried Woesler. Tübingen 1978ff.
Droste-Hülshoff, Annette: Die
Judenbuche. Mit einem
Nachwort und Erläuterungen.
Hrsg. v. Winfried Freund.
München ⁵1997
Droste-Hülshoff, Annette: West-
fälische Schilderungen und
ihr Echo in Westfalen. Mit
einem Nachwort hrsg. v. Win-
fried Freund. Paderborn 1991

Bibliographien

Haverbusch, Aloys: Droste-Biblio-
graphie. 2 Tle. Tübingen 1983
und 1985. In: HKA 14,1 und 14,2
Heselhaus, Clemens/Woesler, Winfried (Hgg.): Droste-Jahrbuch
Bd. 1 (1986/87) und Bd. 2
(1988–1990)
Heselhaus, Clemens: Droste-Biblio-
graphie 1932–1948. In: Jahrbuch
der Droste-Gesellschaft 2
(1948–1950), S. 334–352
Theiss, Winfried: Droste-Bibliogra-
phie 1949–1969. In: Jahrbuch
der Droste-Gesellschaft 5
(1972), S. 147–244

Allgemeine Darstellungen zu
Leben und Werk

Berglar, Peter: Annette von Droste-
Hülshoff in Selbstzeugnissen
und Bilddokumenten. Rein-
bek 1967 u. ö.
Busse, Carl: Annette von Droste-
Hülshoff. Bielefeld ³1923
Freund, Winfried: Annette von
Droste-Hülshoff. In: W. F.: Die
Literatur Westfalens. Pader-
born 1993, S. 59–74
Freund, Winfried: Annette von
Droste-Hülshoff. Was bleibt.
Stuttgart 1997
Gaier, Ulrich: Annette von Droste-
Hülshoff und ihre literarische

Welt am Bodensee. Marbach
1993
Gödden, Walter: Die andere
Annette. Annette von Droste-
Hülshoff als Briefschreiberin.
Paderborn 1991
Gödden, Walter: Annette von   ·
Droste-Hülshoff. Leben und
Werk. Eine Dichterchronik.
Bern u. a. O. 1994
Gössmann, Wilhelm: Annette von
Droste-Hülshoff. Ich und
Spiegelbild. Zum Verständnis
der Dichterin und ihres Wer-
kes. Düsseldorf 1985
Heselhaus, Clemens: Annette von
Droste-Hülshoff. Leben und
Werk. Düsseldorf 1971
Häntzschel, Günter: Tradition und
Originalität. Allegorische Dar-
stellung im Werk Annette von
Droste-Hülshoffs. Stuttgart
1968
Hüffer, Hermann: Annette von Dro-
ste-Hülshoff und ihre Werke.
Gotha 1887. 3. Ausgabe, bear-
beitet von Hermann Car-
dauns. Gotha 1911
Keppler, Uta: Die Droste. Das Leben
der Dichterin Annette von
Droste-Hülshoff. Frankfurt a.
M. 1987
Kortländer, Bernd: Annette von
Droste-Hülshoff und die
deutsche Literatur. Kenntnis,
Beurteilung, Beeinflussung.
Münster 1979
Kreiten, Wilhelm: Anna Elisabeth
Freiin von Droste-Hülshoff.
Ein Charakterbild. Paderborn
²1900
Krewerth, Rainer A. (Hg.): Annette
von Droste-Hülshoff. Wie sie
lebte, wie sie war, was sie
schrieb. Münster 1990
Maurer, Doris: Annette von Droste-
Hülshoff. Ein Leben zwischen
Auflehnung und Gehorsam.
Biographie. Bonn 1982

Nettesheim, Josefine: Die geistige
Welt der Dichterin Annette
von Droste zu Hülshoff.
Münster 1967
Ramsay, Tamara: Annette von Dro-
ste-Hülshoff. Stuttgart 1938
Salmen, Monika: Annette von Dro-
ste-Hülshoff und die moderne
Frauenliteratur. Bensberg 1987
Schneider, Ronald: Annette von Dro-
ste-Hülshoff. Stuttgart ²1995
(= Sammlung Metzler 153)
Schücking, Levin: Annette von
Droste-Hülshoff. Ein Lebens-
bild. Hannover 1862 (⁴1964)
Schulte Kemminghausen, Karl /
Woesler, Winfried: Annette
von Droste-Hülshoff. Mün-
chen ⁴1981
Sichelschmidt, Gustav: Allein mit
meinem Zauberwort. Düssel-
dorf 1990
Sengle, Friedrich: Biedermeier-Zeit.
Deutsche Literatur im Span-
nungsfeld zwischen Restau-
ration und Revolution. Bd. 3.
Stuttgart 1980, S. 592–639
Staiger, Emil: Annette von Droste-
Hülshoff. Frauenfeld 1933
(²1962)

Zur »Judenbuche«

Bernd, Albrecht Clifford: Enthüllen
und Verhüllen in Annette von
Droste-Hülshoffs »Judenbuche«. In: Untersuchungen zur
Literatur als Geschichte. Hrsg.
v. Helmut Koopmann u. a.
Berlin 1973, S. 347–362
Freund, Winfried: Der Außenseiter
Friedrich Mergel. Eine sozial-
psychologische Studie zur »Judenbuche« der Annette von
Droste-Hülshoff. In: Zeitschrift für deutsche Philologie
99 (1979). Sonderheft, S. 110–118
Freund, Winfried: Heimat, ein Alp-
traum. Annette von Droste-

Hülshoff: »Die Judenbuche«.
In: W. F. (Hg.): Deutsche Novellen. München 1993, S. 109–119
Henel, Heinrich: Annette von Droste-Hülshoff. Erzählstil und
Wirklichkeit. In: Aufsätze zur
deutschen und europäischen
Literatur. Hrsg. v. Edgar Loh-
ner u. a. Göttingen 1967, S.
146–172
Immerwahr, Raymond: The Peasant
Wedding as Dramatic Climax
of »Die Judenbuche«. In:
Momentum dramaticum. Ed.
by Linda Dietrick and David
Cr. John. Waterloo Press 1990,
S. 321–336
Koopmann, Helmut: Die Wirklich-
keit des Bösen in der »Juden-
buche« der Droste. In: Zeit-
schrift für deutsche Philologie
99 (1979). Sonderheft, S. 71–85
Krauss, Karoline: Das offene Ge-
heimnis in Annette von Dro-
ste-Hülshoffs »Judenbuche«.
In: Zeitschrift für deutsche
Philologie 114 (1995), S. 542–559
Moritz, Karl: Annette von Droste-
Hülshoff: »Die Judenbuche«.
Sittengemälde und Kriminal-
novelle. Paderborn ⁷1989
Rölleke, Heinz: Annette von Droste-
Hülshoff: »Die Judenbuche«.
In: Interpretationen: Erzählungen und Novellen des
19. Jahrhunderts, Bd. 2. Stuttgart 1990, S. 7–39
Wiese, Benno von: Porträt eines Mör-
ders. Zur »Judenbuche« der
Annette von Droste. In: Zeit-
schrift für deutsche Philologie
99 (1979). Sonderheft, S. 32–48

Zur Ballade

Arens, Eduard: Das Balladenjahr der
Annette von Droste-Hülshoff.
In: FS des Germanistischen
Vereins in Breslau. Leipzig 1902

Freund, Winfried: Heimsuchung
und Verstrickung. Zu den
Balladen der Annette von
Droste-Hülshoff. In: Grabbe-
Jahrbuch 3 (1983), S. 100–117
Freund, Winfried: Annette von
Droste-Hülshoff: »Der Knabe
im Moor«. In: W. F.: Die deut-
sche Ballade. Paderborn 1978,
S. 81–87
Freund, Winfried: »Das Fräulein
von Rodenschild«. Die phan-
tastische Spiegelung einer Be-
wußtseinskrise. In: Wirkendes
Wort 31 (1981), S. 11–17
Hinck, Walter: Die deutsche Ballade
von Bürger bis Brecht. Göttin-
gen 1968, S. 70–86
Kayser, Wolfgang: Geschichte der
deutschen Ballade. Berlin 1936,
S. 246–267
Klein, Ulrich: Annette von Droste-
Hülshoff: »Der Tod des Erz-
bischofs Engelbert von Köln«.
In: Gedichte und Interpreta-
tionen. Deutsche Balladen.
Hrsg. v. Gunter E. Grimm.
Stuttgart 1988, S. 244–263
Rölleke, Heinz: Literarische An-
regungen zur Droste-Ballade
»Die Vergeltung«. Hinweise
zu einer vergleichenden Inter-
pretation. In: Wirkendes Wort
31 (1981), S. 6–10
Schneider, Thomas F.: Annette von
Droste-Hülshoff: Die Balla-
den. Text/Dokumentation.
Osnabrück 1995
Wiese, Benno von: Die Balladen der
Annette von Droste-Hülshoff.
In: Jahrbuch der Droste-Ge-
sellschaft 1 (1947), S. 26–50

Zur Lyrik

Berning, Stephan: Sinnbildsprache.
Zur Bildstruktur des »Geist-
lichen Jahres« der Annette von
Droste-Hülshoff. Tübingen 1975

Freund, Winfried: Geistliche Dichtung in der Zeit Anna Katharina Emmericks. Annette von Droste-Hülshoff und Luise Hensel und die Rolle Christoph Bernhard Schlüters. In: Anna Katharina Emmerick. Symposion 1990. Dülmen 1991, S. 63–89

Freund, Winfried: Annette von Droste-Hülshoff: »Im Grase«. In: W. F.: Deutsche Lyrik. München 1990. S. 90–97

Heselhaus, Clemens: Die späten Gedichte der Droste. In: Zeitschrift für deutsche Philologie 70 (1948/49), S. 83–96

Heselhaus, Clemens: Die Heidebilder der Droste. In: Jahrbuch der Droste-Gesellschaft 3 (1959), S. 145–172

Heselhaus, Clemens: Annette von Droste-Hülshoff: »Am letzten Tage des Jahres«. In: Benno von Wiese (Hg.): Die deutsche Lyrik. Bd. 2. Düsseldorf 1956, S. 159–167

Heselhaus, Clemens: Annette von Droste-Hülshoff: »Das Spiegelbild«. In: Benno von Wiese (Hg.): Die deutsche Lyrik. Bd. 2. Düsseldorf 1956, S. 168–173

Heselhaus, Clemens: Annette von Droste-Hülshoff: »Mondesaufgang«. In: Benno von Wiese (Hg.): Die deutsche Lyrik. Bd. 2. Düsseldorf 1956, S. 174–181

Höllerer, Walter: Zwischen Klassik und Moderne. Stuttgart 1958, S. 295–313

Rölleke, Heinz: »Dennoch, Himmel …« Zu Annette von Droste-Hülshoffs Gedicht »Im Grase«. In: Gedichte und Interpretationen. Vom Biedermeier bis zum Bürgerlichen Realismus. Hrsg. v. Günter Häntzschel. Stuttgart 1983, S. 158–167

Woesler, Winfried: Religiöses und dichterisches Selbstverständnis im »Geistlichen Jahr« der Annette von Droste-Hülshoff. In: Westfalen 49 (1971), S. 165–181

Bildnachweise

Annette v. Droste-Gesellschaft, Münster 86

Bildarchiv Preußischer Kulturbesitz, Berlin 68

Bistum Münster 3

C. Wehrmeyer, Overath 9, 44, 95

Droste-Museum Burg Hülshoff 6, 7, 69

Gero v. Wilpert, Deutsche Literatur in Bildern, Alfred Kröner Verlag, Stuttgart 5

Sächsische Landesbibliothek – Staats- und Universitätsbibliothek Dresden – Abt. Deutsche Fotothek 34

Stadtmuseum Münster, Salzstr. 28, 48143 Münster 2, 8, 11, 23, 26, 29, 35, 39, 41, 53, 58, 82, 90

Staatliche Museen Kassel 64

©1998 VG Bild-Kunst, Bonn 77, 78, 79

Westfälisches Amt für Denkmalpflege, Münster 12, 13, 14, 15, 17, 21, 24, 27, 31, 32, 33, 36, 37, 42, 45, 48, 46, 49, 50, 51, 52, 55, 59, 63, 67, 84, 87, 89, 93

Westfälisches Landesmuseum für Kunst und Kulturgeschichte, Münster 38

Die Rechte der hier nicht aufgeführten Abbildungen liegen beim Autor, beim Herausgeber oder konnten nicht ausfindig gemacht werden.

Personenregister

dtv portrait

Herausgegeben von
Martin Sulzer-Reichel

Hildegard von Bingen
Von Michaela Diers
dtv 31008
April 1998

Otto von Bismarck
Von Theo Schwarzmüller
dtv 31000
April 1998

Georg Büchner
Von Jürgen Seidel
dtv 31001
April 1998

**Annette von
Droste-Hülshoff**
Von Winfried Freund
dtv 31002
April 1998

Elisabeth von Österreich
Von Martha Schad
dtv 31006
Juni 1998

Theodor Fontane
Von Cord Beintmann
dtv 31003
April 1998

Heinrich von Kleist
Von Peter Staengle
dtv 31009
September 1998

Gotthold Ephraim Lessing
Von Gisbert Ter-Nedden
dtv 31004
August 1998

Stéphane Mallarmé
Von Hans Therre
dtv 31007
Juli 1998

Rainer Maria Rilke
Von Stefan Schank
dtv 31005
Mai 1998

dtv